中国风景名胜区游览手册⑧

云南省

中国风景名胜区协会　编著

中国建筑工业出版社

本册编委会

中国风景名胜区协会联系地址：

北京市海淀区三里河路7号新疆大厦B座11层(100044)

电　　话：010-88315355/88315356

传　　真：010-88315356/88315325

电子邮箱：china_fjms@163.net

序　言

中国山河壮丽、景观奇特、历史悠久、文化灿烂，具有丰富的风景名胜资源，这是大自然和前人留给我们的宝贵遗产。正如温家宝总理所指出的“风景名胜区集中了大量的自然和文化遗产，是自然史和文化史的天然博物馆”。国务院2006年颁布的《风景名胜区条例》中，明确指出风景名胜区是“具有观赏、文化或者科学价值，自然景观、人文景观比较集中，环境优美，可供人们游览或者进行科学、文化活动的区域”。自1982年以来，国务院先后七次公布了208个国家级风景名胜区，各省、自治区、直辖市也设立了701个省级风景名胜区，我国风景名胜区的总数已经达到909个；其中，有30处国家级风景名胜区被联合国教科文组织世界遗产委员会列入《世界遗产名录》。风景名胜区吸引着大量中外游客络绎前往，其自然与历史、人文资源越来越被社会所关注。

切实保护和合理利用风景名胜资源，对于改善生态环境，发展旅游业，弘扬民族文化，激发爱国热情，丰富人民群众的文化生活具有重要的意义。中国风景名胜区协会组织编著这套《中国风景名胜区游览手册》工具书，对于保护、宣传、推广和展示风景名胜资源，必将起到十分积极的推动作用。

住房和城乡建设部副部长　**仇保兴**

2010年8月1日

前　言

《中国风景名胜区游览手册》(后简称《游览手册》)是我国风景名胜区行业首次以整体形象和统一品牌面向广大游客出版发行的游览手册，也是我国风景名胜区行业权威、全面和实用的游览系列工具书。《游览手册》集中收录了我国国家级和部分省级风景名胜区最新的游览资讯及各类综合信息，全面反映了我国风景名胜区珍贵的风景名胜资源价值和游览服务水平，以满足日益增长的国内外游客自助旅游的需求。

《游览手册》按照地理和省区行政区划分布，整合各类风景名胜资源，将风景名胜区分若干个区片组成分册陆续出版。《游览手册》以图片和文字形式展示了风景名胜区的自然和人文资源特征，翔实地介绍了风景名胜区的资源概况、主要景点、精品线路、门票及观光车票价格、区内交通、住宿餐饮、旅游购物、安全救助和景区游人中心情况，并为读者提供详细的交通区位、导游图以及风景名胜区管理机构的通信方式、游览咨询点、游客投诉点、医疗服务点、电子邮箱、门户网站等相关信息。

为方便风景名胜区游客个性化的游览查询，满足广大游客自助旅游的需求，《游览手册》特别增加了风景名胜区自驾车旅游服务涉及的交通站点（包括车、船、索道等）、停车场、加油站、汽车修理以及配套设施的翔实资讯；向游客推介风景区的特色观赏和体验、民族民俗展演活动及“农家乐”、家庭旅馆等；同时，简述风景区的季节和气候特点，为游客提供景区历年月平均气温值及游客穿衣提示、住宿选择；推荐特色美食和当地景区的名、优、特产品等。

《游览手册》的出版得到了各省区风景名胜区管理机构、各级建设行政主管部门以及相关单位、部门的大力支持和协助，为此，特表示由衷的谢意。

目　录

云南省

路南石林风景名胜区……14

西双版纳风景名胜区……24

三江并流（香格里拉大峡谷·巴拉格宗）风景名胜区……32

昆明滇池（西山）风景名胜区……38

丽江玉龙雪山风景名胜区……44

腾冲地热火山（火山）风景名胜区……57

腾冲地热火山（热海）风景名胜区……61

瑞丽江—大盈江风景名胜区……68

瑞丽江—大盈江（莫里热带雨林）风景名胜区……76

九乡风景名胜区……84

建水风景名胜区……92

普者黑风景名胜区……98

阿庐风景名胜区……106

巍宝山风景名胜区……114

大理洱源西湖风景名胜区……121

老君山风景名胜区……127

泸沽湖风景名胜区……135

云南省

YUNNAN

云南省风景名胜区概况

在中国的西南边陲，有一个美丽的地方，这就是神奇、神圣、神秘的云南。

云南有39万平方公里的土地，4000多万人口，26个民族（其中15个是云南独有民族），3个世界自然遗产、1个世界文化遗产，12个国家级风景名胜区、54个省级风景名胜区，风景名胜区面积占全省国土面积的8%。

云南是神奇的。仅39万平方公里的土地上，具备了除海洋以外的各种类型的地理地貌、气象气候、生物，由此集聚了独特而丰厚的风景资源，被称为植物王国、动物王国，旅游天堂。从海拔76米的中国与越南交界地河口，到海拔6740米的梅里雪山卡格博峰，6664米的绝对高差，给云南造就了世界最大的自然遗产——面积1.7万平方公里、三条大江并行流淌400余公里的三江并流世界奇观，和世界最小的自然遗产——奇希的云南澄江帽天山动植物化石群；造就了最低纬度和最低海拔的冰川奇丽——丽江玉龙雪山冰川和梅里雪山明永冰川；造就了石林、土林、彩色沙林、原始森林、热带雨林等“林”琅满目的世界奇景；从中缅边陲的腾冲99座火山、沸腾喷薄的地热之海到滇中乳柱缤纷、峻险幽奇的阿庐古洞、宜良九乡奇异大型溶洞群，从两岸绝壁削立、江水轰雷、奇石虎跃的虎跳峡奇势到中老缅接壤的西双版纳、德宏奇妍风情，神奇的云南，可谓灿若图绣，隽然秀美。

云南是神圣的。巍峨延绵的横断山、颓波突浪的金沙江第一大转弯石鼓、奔流悬迅的皎平渡、威信扎西会议旧址，无处不留下中国红军的惊世壮举；美国飞虎队驼峰飞行的震世之烈、松山战役8000余壮士的悲壮之举、腾冲国殇园中国远征军的阵列之魂，凸显着世界抗日反法西斯阵营的高哼壮歌；德钦飞来寺白塔的雄伟，藏族世代转山祈福的壮观，泸沽湖母系氏族的走婚风情，展示着远古的久凝神采；石削壁峭上鸡足山的蕴奇佛光，屹立云峰山之顶的谆谆道禅，迪庆高原松赞林寺殷殷不息的祈福声，为芸芸众生营造着诚福的世界；更有那建水全国第二大规模的孔庙、昆明西山高耸绝壁上的龙门魁星阁，已成为父母劝学、莘莘学子朝圣之地……云南，必使人久久回肠荡气、意气升华。

云南是神秘的。清然幽秘的“香格里拉”如何从云南享誉世界，形成世界性的“寻找香格里拉”热？人类无数次征服8844米的珠穆朗玛峰，为何数十生命前仆后继至今未能登顶梅里雪山卡格博峰？明永冰川下蔚蓝清幽的冰湖、彩虹相拥的冰瀑，清澈凛冽的雨崩河，民风淳朴的雨崩村，但山势陡峭人肩马托交通极为不便，为何仍然成为世界驴友们丢弃城市，横躺蓝天草地之间享受发呆的天堂？沧源壁立万仞中的未明崖画始于何年？迪庆天生桥冷热双溪何以并行奔流……种种的奇异迷离，云南吸引着人们无穷遐想、亲临亲为。

魅力云南——恭候您的光临！

Welcome to Mystical, Sacred and Mysterious Yunnan

In the border area of Southwest China, there is a beautiful place, the mystical, sacred and mysterious Yunnan.

Yunnan covers an area of 390,000 km^2, with a population of more than 40 million in 26 ethnic groups (15 of which are native and unique to Yunnan). There are three Natural World Heritages, one Cultural World Heritage, 12 National Scenic Areas, 54 Provincial Natural Scenic Areas, the scenic area accounting for 8% of the total land area.

Yunnan is mystical. This 390,000 km^2 land gathers all types of landscape, climate and plants outside of the marine type, thus bringing about a unique and rich landscape, known as the Kingdom of Plants, the Kingdom of Animals, and the Tourist Paradise. The 6664 meters absolute height from Chinese border with Vietnam on 76 meters above sea level to Kagebo Peak of Meili Snow Mountain at an altitude of 6740 meters, has created the largest World Natural Heritage – an area of 17,000 km^2, where Three-Rivers Parallel Flow for more than 400 kilometers. As well as the smallest World Natural Heritage – rare Maotian Mountain Zoolites in Chengjiang; has created the wonder glacier of the lowest latitude and the lowest altitude - Yulong Snow Mountain glacier and Meili Snow Mountain Mingyong glacier; has created the Stone Forest, Earth Forest, Colorful Sand Forest, primeval forests, tropical rain forests and other wonders of the world "forest" everywhere; from 99 volcanoes in the China-Myanmar border, boiling geothermal Sea in Tengchong to colorful stalactites in central Yunnan, vivid and fantastic Alu Ancient Cave and Yiliang Jiuxiang large caves; from two steep and lofty sides of thundering river and odd Tiger Leaping Gorge to native customs of Xishuangbanna and Dehong in the China-Laos-Myanmar bordered area. Yunnan is picturesque and absorbing.

Yunnan is sacred. The stunning feat of the Chinese Red Army has left in majestic and continuous Hengduan Mountains, the first turn of Jinsha River—Shigu, torrential Jiaoping crossing and the site of Weixin Zhaxi Meeting; world shocking Flying Tigers' flight, more than 8,000 heroes of the Songshan battle, the Chinese expeditionary soldiers in Tengchong National Martyr Graveyard, all highlight the great spirit of world Anti-Fascist and Anti-Japanese. The magnificent White Pagoda in Deqin Feilai Temple, the spectacular pilgrimage around the mountain of Tibetan, the Lugu Lake visiting marriage customs inherited from the matriarchical society, all display the ancient expression; Halo of the Buddha on Mount JIzu, the Taoism on peak of Yunfeng Mountain and the endless blessing sound of Songzanlin Temple on Diqing plateau, have created a sincere blessed world; the second largest Confucius Temple in Jianshui and Kuixing Pavilion in Kunming Xishan Mountain, have become a pilgrimage for the parents advising students to study hard. Yunnan, will make a long emotional sublimation.

Yunnan is mysterious. How could clear and harmonious "Shangri-La" become world-renowned and form the “crazy in searching Shangri-La”? Human conquers Mount Everest as high as 8883 meters for numerous times, why tens of life fought but still failed to summit the Kagebo Peak of Meili Snow Mountain? We have quiet and blue glacial lake under Mingyong glacier, the rainbow-embracing icefall, clear Yubeng River, and honest Yubeng Villager, although the traffic is extremely inconvenient only using human and horse to carry owing to steep mountain, why still become the world travelers' paradise to discard the city, lie between blue sky and the grass to enjoy trance? Which year did rock the mural paintings of Cangyuan begin? Why did Diqing Tiansheng bridge flow both hot and cold...Yunnan attracts people to imagine infinitely with all sorts of strange miracles.

Welcome to the charming Yunnan.

云南省主要风景名胜区基本情况表
（2012年）

序号	风景名胜区名称	级别	国务院发布时间	面积（km^2）	所在州市行政区	资源特征
1	路南石林风景名胜区	国家级	第一批（1982年）	350	昆明市石林县	地质景观
2	大理风景名胜区	国家级	第一批（1982年）	1016	大理州大理市	山岳、湖泊、民族民俗文化
3	西双版纳风景名胜区	国家级	第一批（1982年）	1202.31	西双版纳州景洪市	生物景观、民族民俗文化
4	三江并流风景名胜区	国家级	第二批（1988年）	8609	迪庆州、怒江州、丽江市	江河
5	昆明滇池风景名胜区	国家级	第二批（1988年）	429.88	昆明市滇池度假区	湖泊
6	丽江玉龙雪山风景名胜区	国家级	第二批（1988年）	957	丽江市玉龙县	山岳
7	腾冲地热火山风景名胜区	国家级	第三批（1994年）	52（核心）	保山市腾冲县	地质景观
8	瑞丽江—大盈江风景名胜区	国家级	第三批（1994年）	672.31	德宏州芒市、盈江县	江河、民族民俗文化
9	九乡风景名胜区	国家级	第三批（1994年）	277.93	昆明市宜良县	洞穴
10	建水风景名胜区	国家级	第三批（1994年）	35.93	红河州建水县	民族民俗文化
11	普者黑风景名胜区	国家级	第五批（2004年）	176	文山州丘北县	湖泊、民族民俗文化
12	阿庐古洞风景名胜区	国家级	第五批（2004年）	56.4	红河州泸西县	洞穴
13	大理洱源西湖风景名胜区	省级		80	大理州洱源县	湖泊
14	老君山风景名胜区	省级		67.4	丽江市玉龙县	山岳

云南省风景名胜区现状分布图

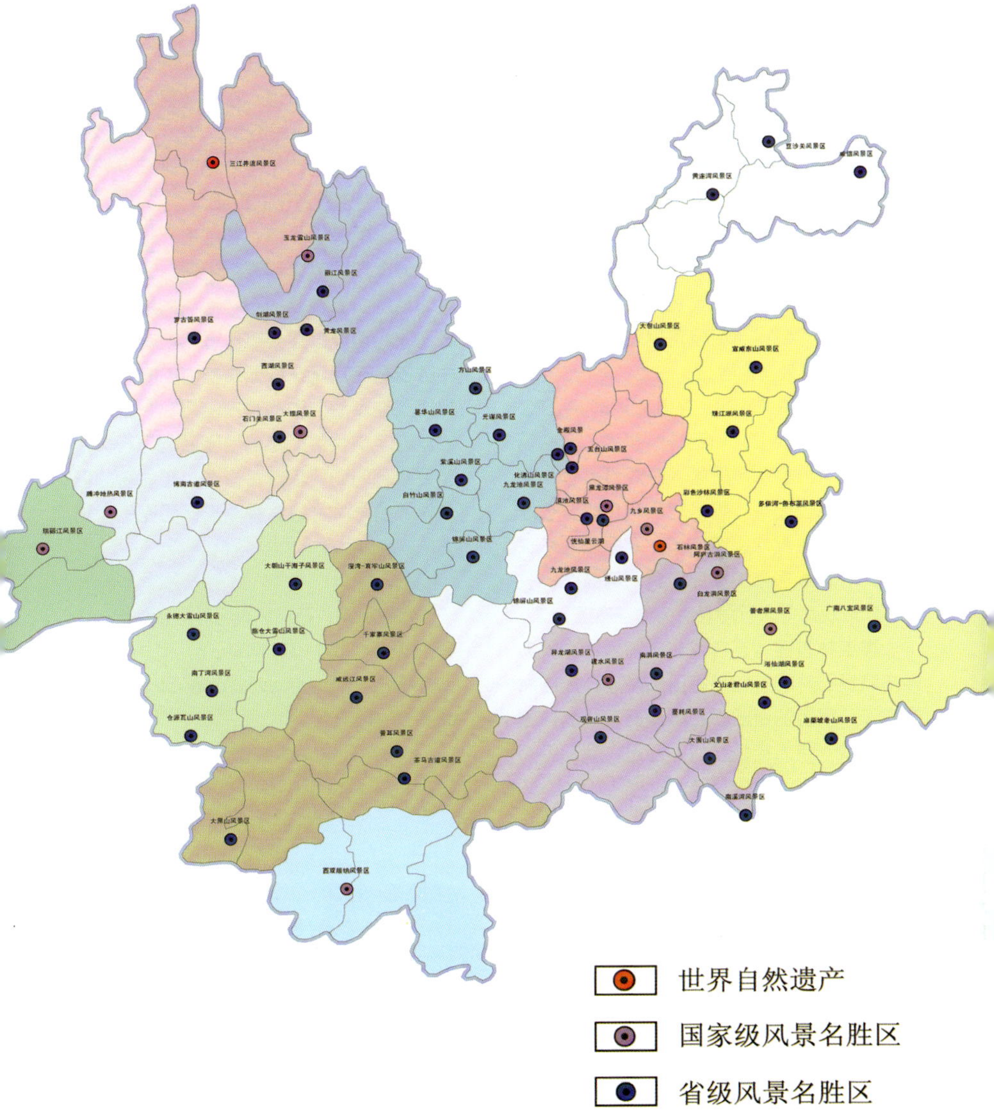

路南石林 风景名胜区

世界自然遗产石林，世界喀斯特的精华，中国阿诗玛的故乡。

距昆明78公里的世界自然遗产石林，是大自然两亿七千万年风磨水洗造就的地质奇迹，它涵盖了地球上众多的喀斯特地貌类型，以“雄、奇、险、秀、幽、奥、旷”著称，被誉为“天下第一奇观”、“大自然雕塑博物馆”。走进石林，你就走进了“喀斯特”的王国，解读地球演化历史传奇，共享地球亿万年的世界奇观。景区先后荣获了世界自然遗产、国家级风景名胜区、世界地质公园、国家AAAAA级旅游景区、全国文明风景旅游区等荣誉称号。

石林喀斯特地貌保护区面积达350平方公里，景区景点众多，有石林风景区、乃古石林风景区、大叠水风景区、长湖风景区、圭山国家森林公园等。景区范围内奇峰异石浩如林海、溶蚀洞穴星罗密布、高原湖泊玲珑秀美、落差90多米的断崖飞瀑气势恢弘……每一处景观都令人叹为观止、流连忘返。

季羡林曾在《石林颂》中写道：“我怎样来歌颂石林呢？它是祖国的胜迹，大自然的杰作，宇宙的奇观。它能使画家搁笔，歌唱家沉默，诗人徒唤奈何。但是，我却仍然是非歌颂它不可。在没有看到它以前，我已经默默地歌颂了它许多年。现在终于看到了它，难道还能沉默无言吗？”

世界遗产委员会对石林的评价：

杰出的科学价值：在石林县，石林喀斯特发育的主要阶段经历了2.7亿年，跨越了从二叠纪到现今的四个主要地质时期，展示了这种喀斯特阶段演化的特征。

杰出的美学价值：中国南方喀斯特代表了世界上湿润热带到亚热带喀斯特景观最壮观的范例。石林县的石林被认为是最好的自然现象和世界上该类喀斯特的最好样板。该片区包括了发育在白云质灰岩中的乃古石林和出现在湖泊之中的蓑衣山石林。相较于其他发育了剑状喀斯特的地区而言，石林包含了更丰富的剑状喀斯特形态，更显著的形态差异和色彩多样性，并随天气和光的变化而变化。

管理机构：石林风景名胜区管理局

电话：0871-7711439

网站：http://www.chinastoneforest.com

石林胜景

路南石林风景名胜区导游图 MAP

路南石林风景名胜区导游图 MAP

交通 出行宝典 TRANSPORTATION

(一)区外交通

石林旅游交通便利，距昆明仅78公里。昆明长水国际机场是中国最重要的国际口岸机场之一，共有18家航空公司经营昆明通往国内57个城市、国外及地区17个城市的200多条航线。国际、国内各大城市的旅客到达昆明后，均可通过以下交通方式直达石林风景名胜区。

乘巴士

昆明—石林（78公里，车程约1.5小时）

（1）石林旅游直通车（昆明往返石林景区，每隔30～45分钟发车一趟）

乘车地点：昆明东部客运站

票价：27元/人（含1元人身保险费）

注：昆明东部客运站：昆明盘龙区东三环虹桥立交与两面寺立交之间

查询电话： 0871-3833680

石林停车场：石林风景区（景区大门前200米）

查询电话：0871-7711269

（2）石林客车（昆明往返石林县城，每隔15分钟发车一趟）

乘车地点：昆明东部客运站

票价：27元/人（含1元人身保险费）

注：石林客运站咨询电话：0871-7790696

（3）石林县城—石林景区（9公里）

乘车地点：石林县城客运站

票价：1元/人

乘火车

每天从上海、广州、南宁、湛江、贵阳、红果、昆明等地发出的列车均可到达石林火车站。昆明—石林110公里，车程1.5小时。

票价：8～19元/人

咨询电话：0871-6140964

（二）区内交通

石林景区内部交通提供电瓶车游览服务

1.景区环林观光：200元/包车（10人）

2.景区大门至大石林入口:6元/人（单程）

※自驾车游客特别提示：

到石林景区入境收费站附近的中国石化、中国石油、顺达加油站，可以很方便地为您补充燃油；景区入口处设有汽车维修站，可以及时为您的爱车排除故障。

旅游服务 TRAVEL SERVICE

1.游客中心

石林风景名胜区游客中心位于景区入口左侧，这里为游客提供景区购票、办理会员卡、多媒体展示、导游查询、景区查询、免费提供景区宣传资料等服务。

乃古石林游客中心

2.门票价格

石林景区门票价格为175元/人次（含乃古），优惠票130元/人次，全程通票。学生及军人分别凭学生证、军人证购买优惠票；残疾人、70岁以上老年人及离休干部分别凭有效证件、身高1.3米以下的儿童实行免票。

长湖景区门票价格为10元/人次。

大叠水景区门票价格为18元/人次。

另有石林旅游会员卡，为“石林旅游一卡通”，凭此卡一年365天石林风景名胜区任您游。一卡通200元，学生卡150元。

导游服务

3.导游聘请

游览石林景区一般需2～3小时，最好聘请景区内导游。收费：中文导游60元/人次，外语导游80元/人次。阿诗玛、阿黑哥导游员将会为您提供优质的服务。

4.石林旅游服务电话

旅游咨询：0871–7719006

旅游投诉：0871–7711719

医疗急救：0871–7710120

石林旅游会员中心：0871–7710316

（以上旅游资讯可能随时间推移有所变更，请向当地旅游部门咨询或查询石林风景名胜区旅游网站）

※重要提示：

景区小路蜿蜒、石梯较多，敬请游客小心游览，以穿胶底运动鞋为佳，如遇雨季请随手拉好身边的攀附物如阶梯扶手或铁链，以免滑倒受伤；遇雷雨天请勿使用金属伞具和通手机电话，不可躲在大树下避雨，勿站立于山顶，不要几个人拥挤成堆，人与人中间保持一定距离，切勿接触天线水管，远离电线等带电设备。

精品线路

石林湖—石林胜景—千钧一发—刀山火海—剑峰池—金猪朝阳—天蓬元帅—万年灵芝入口—绵羊石—双亭—蘑菇状石柱—万年灵芝—比目潭—李子园箐地狱之门—通天大道—哥自天神—剑状峰林—双剑合璧—天门神烛—霸王金樽—天鹅远瞩—母子偕游—骆驼骑象—步哨山入口—巨型腹足类化石—珊瑚化石—犀牛石—步哨五石门—阴元石—阳元石—定海神针—步哨远眺—猩猩求拜—莲花池—唐僧石—跳月坪—一帆风顺石—阿诗玛

（游览时间4.5～5小时）

石林湖

阿诗玛石

石林景区

石林景区为纯灰岩剑状喀斯特的典型集中区，岩石主体是呈浅灰色的纯灰岩及茅口组白云质灰岩，大石林、小石林、步哨山、李子园箐和万年灵芝五个片区内分布着剑状、柱状、塔状、蘑菇状及不规则状的各种石峰。

大石林由密集的青灰色石峰组成，石峰直立突兀，陡峭险峻；小石林疏朗秀美的石峰中静静伫立着美丽妩媚的阿诗玛，石林在这里变化出园林之胜；步哨山为石林景区海拔最高处，区内多柱状石林；李子园箐丛林石壁上有彝族先民留下的古崖画，闪现出原始的神秘之光；万年灵芝高大的灰色蘑菇状和塔状石峰连片分布，有“一览众山小”的惬意之感。

大石林

小石林

大叠水景区

千里奔流的巴江从百米绝壁飞流直下，化为飞龙咆哮，阳光下水雾化为彩虹，七彩缤纷，与岩壁波光相辉映，瑰丽不可名状，有“珠江第一瀑”之美誉。

大叠水

乃古石林景区

“乃古”在撒尼语里是古老和黑色的意思，景区岩石主体是栖霞组白云质灰岩，风化后呈深灰或黑色，石体棱角尖锐，坚硬厚实，遍布坑窝和麻点。黑黝黝的石峰耸立在山冈原野上，多呈城堡状、塔状、蘑菇状，乱石成阵，浩瀚错杂。

乃古花海

乃古石林

长湖景区

湖面形状如身材修长的少女，湖体掩藏在青山翠冈之中。湖光潋滟，远山如黛。是野营、度假、疗养、登山、水上活动、射箭射弩、欣赏并参加民族歌舞表演的娱乐、休闲胜地。

长湖

特色观赏和体验 UNIQUE SCENERY & FESTIVALS

旧石器时代便有人类在石林地区活动。数千年前，石林地区散落着大大小小的氏族部落，他们是现今石林彝族的祖先。在长期的历史演化中，当地彝族人与石林地貌和构成石林的岩石——石灰岩结下了不解之缘。不仅形成了适应于石林喀斯特环境的生活方式，而且形成了与石林景观密切联系的民族文化。石林的石柱上留有早期彝族人的岩画和石刻，石林也融入了当地撒尼人生活的方方面面，宗教、传说、诗歌、舞蹈、刺绣、服饰、建筑、节庆等，无不反映了与石林久远的历史渊源。脍炙人口的史诗《阿诗玛》、热烈的“火把节”、深情的歌曲《远方的客人请你留下来》等早已广为人知。

阿诗玛 以"阿诗玛"为代表的彝族撒尼文化，用独特的语言文字、内涵丰富的诗文传说、斑斓绚丽的民族服饰、火热豪放的民族歌舞、古朴粗犷的摔跤竞技、风格奇特的婚丧嫁娶，吸引了世界各地的游人。

彝族撒尼口传叙事长诗《阿诗玛》是撒尼人世世代代的集体创作，充分体现了撒尼人民的生活习俗和民族风情，是研究撒尼文化的百科全书。阿诗玛传说被列入第一批国家级非物质文化遗产名录。爱情永不谢幕，传奇与日月同光。现在阿诗玛已经成为石林彝族撒尼女子的代称。

火把欢歌

石林国际火把狂欢节 每年农历六月二十四日的彝族火把节是撒尼人传统的节日，被誉为"东方狂欢节"。拨响铮铮的大三弦，吹起迎宾的过山号，跳起欢快醉人的舞蹈，点燃熊熊燃烧的火把，还有惊险刺激的斗牛比赛、"力拔山兮"的摔跤较量。

一决高下

路南石林四季 SEASON

石林气候属亚热带低纬高原山地季风气候，具有"冬无严寒、夏无酷暑、四季如春、干湿分明"的特点。夏秋半年为雨季（每年5月至10月），冬春半年为旱季（11月至次年4月）。

石林秋色

住宿 ACCOMMODATION

1. 云林度假酒店（四星）
 0871-7711488
2. 石林大酒店（三星）
 0871-7798888
3. 石林天奇阿诗玛大酒店(三星)
 0871-7719988
4. 石林兴亚风情园（三星）
 0871-7710599
5. 石林会议中心（三星）
 0871-7787888
6. 避暑园宾馆（两星）
 0871-7711888
7. 石林山庄（两星）
 0871-7711366
8. 石林精舍宾馆（两星）
 0871-7710888
9. 连宏酒店（两星）
 0871-7799299
10. 印象酒店
 0871-7799666
11. 龙庭饭店
 0871-7747588
12. 金恒酒店
 0871-7783988
13. 钰鑫酒店
 0871-7789999
14. 天裕酒店
 0871-7710898
15. 梦达尔宾馆
 0871-7793328

美食推荐 CUISINE

一方水土养一方人，石林撒尼人的饮食，酸、辣、鲜、香、脆，无一不让人垂涎欲滴。彝家豆腐宴48个品种，道道美味又别致。石林特色风味食品有野生食用菌、油炸鸡、乳饼、卤腐、骨头参、荞粑粑蘸蜂蜜、全羊烩煮、石林汤锅等。这些独具特色的地方美食，鲜香味醇，名扬四方，到石林游玩一定要去尝尝。

野生食用菌品种繁多，鸡、牛肝菌、干巴菌、青头菌……新鲜无比；乳饼由山羊奶制成，香软爽口，营养丰富；石林卤腐有200多年的历史，享有盛名；骨头参配料考究，做法新颖，是撒尼人最喜爱的传统腌制品；荞粑粑蘸蜂蜜苦中带甜，回味悠长；石林汤锅炖肉恰到好处，色、香、味俱全。

除此之外，还有南瓜花、大白花、棠梨花，以及各种野菜烹制的菜肴，美味可口，是极好的自然生态绿色食品。

爆炒黑牛肝菌

荞粑粑蘸蜂蜜

红葡萄

黄牛肝菌

购物指南 SHOPPING GUIDE

来到石林，颇具民族特色的各种纪念品任您选购。撒尼刺绣，一针一线都融入了浓浓的民族风情；野生食用菌和石林卤腐在土杂店和商场内均可买到；海底生物化石和石林纪念邮票、明信片、画册都是旅游留念、馈赠亲友的不错选择。

民建特色背包

石林民间绘画

撒尼挑花

撒尼卤腐

西双版纳 风景名胜区

西双版纳风景名胜区位于云南南部西双版纳傣族自治州境内，距昆明550公里。由分布在西双版纳傣族自治州一市二县的九个景区20多个景点组成，规划面积1147.9平方公里，西双版纳有着种类繁多的动植物资源，被称为动、植物王国，其中许多珍稀、古老、奇特、濒危的动、植物又是西双版纳独有的，引起了国内外游客和科研工作者的极大兴趣。西双版纳景观以丰富迷人的热带、亚热带雨林、季雨林、沟谷雨林风光、珍稀动物和绚丽多彩的民族文化、民族风情为主体。西双版纳风景名胜区景观独特，知名度高，经国务院1982年（审定）批准为第一批国家级风景名胜区。

管理机构：西双版纳风景名胜区管理所
咨询热线：0691-2220777
网址：http://www.xsbnly.com

热带花卉园

交通 出行宝典 TRANSPORTATION

西双版纳景洪机场位于景洪市嘎洒镇，距景洪市区4公里，是云南省内仅次于昆明的第二大航空口岸。目前，国内八个城市有直达景洪的航班，分别是北京、上海、昆明、成都、郑州、大理、丽江和香格里拉，另外，西双版纳机场还是云南境内除昆明之外的另一个国际机场，与泰国的曼谷、老挝的琅勃拉邦有直达航班。昆明至西双版纳每天至少有20余个航班往返，旺季可达40余个航班，航线520公里，飞行时间45分钟。

西双版纳境内的公路交通比较方便，国道213、214线在景洪市内交会，各乡镇均有公路相通。景洪共有3个长途客运站：景洪北站、景洪南站和景洪汽车客运站（景洪北路23号）。

昆明至西双版纳：昆明至西双版纳首府景洪市公路里程约550公里，车程7～8个小时，白天晚上都有班次。

野象谷

野象谷景区景点导览图

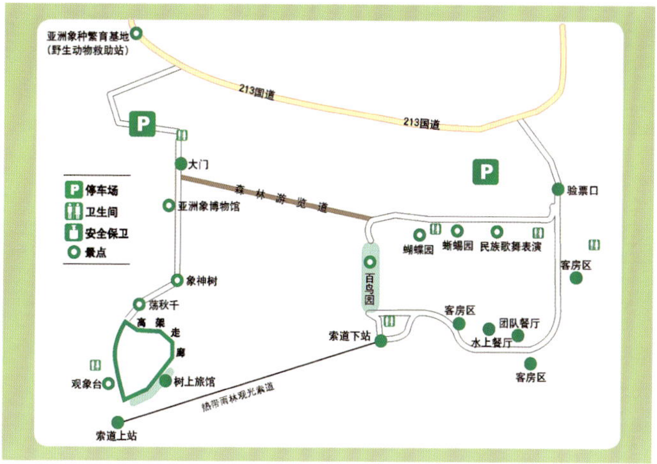

野象谷地处勐养国家级自然保护区之中，中国唯一能安全观测野生亚洲象生存状态的风景区，汇集了热带雨林、南亚热带常绿阔叶林、珍稀动植物种群，是200余头野象的生活乐园。谷内森林茂密，鸟兽众多，蟒蛇园、百鸟园、蝴蝶园，构筑了五彩缤纷的野生动物世界。景区的树上旅馆功能区，不仅满足游客安全观看野象，还可提供住宿和野营。

门票价格：65元/人

直达景区专线：起始站：每天9点从民族风情园出发，费用15元/人；

返城站：每天14：30从景区大门口出发，费用15元/人；

园内索道：单程：50元/人，往返：70元/人。

野象谷景区表演时间表

表演内容	地点	表演时间
歌舞表演	歌舞表演场	9：30；12：30；14：30；16：30
大象表演	大象表演场	11：00；13：30；15：20
鸟艺表演	百鸟园	（8：00～18：00）20人以上随时表演

野象谷大象

蝴蝶园

树上宾馆

西双版纳原始森林公园

这里是西双版纳少数民族的缩影、热带沟谷雨林的代表，走进西双版纳原始森林公园就是置身于浓郁的民族风情中。公园在景洪市以北8公里处，位于213（昆洛）国道旁，以“热带沟谷雨林、孔雀之乡、哈尼族爱伲文化”为主题特色，内有北回归线以南保存完好的热带沟谷雨林，沿途尽赏板根、绞杀、老茎生花、古藤等奇异景观；三千多只孔雀自然栖息在热带雨林中，您能观赏到数百只孔雀齐飞的壮观场景。

西双版纳原始森林公园景区景点导览图

爱伲山寨每天的“爱伲欢歌嘎汤帕”的节庆活动亦会让您流连忘返，还可以参加西双版纳少数民族大型服装服饰展，欣赏九龙飞瀑下的西双版纳少数民族民间乐器展演等。

公园内的度假村——孔雀山庄坐落在金湖边，按四星级标准建设，集住宿、餐饮、娱乐、会务于一体。宿于孔雀山庄，可在静谧中聆听大自然的声音，体验回归自然的感觉。

孔雀齐飞

爱伲山寨

泼水节

热带雨林

精品线路

野生动物驯化表演—金湖传说（梦幻中的金湖和百米浮雕）—孔雀放飞—空中花园（独树成林）—爱伲山寨（葫芦妈祖、爱伲民居展示、爱伲人抢婚仪式）—空中溜索—九隆飞瀑（民间器乐展演）—热带珍稀濒危植物园—金竹餐厅—热带沟谷雨林—民族风情演艺场—曼双龙白塔—孔雀餐厅

门票价格：50元/人

直达景区专线：起始站：西双版纳花卉园→景洪市汽车客运北站

返城站：景区大门口

费用：5元/(人·单程)，每天早8点发车，每小时一班

园内观光电瓶游览车：单程：25元/人，返程：40元/人

西双版纳基诺山寨

基诺族意为“舅舅的后代”，是从原始母系氏族部落直接过渡到社会主义的少数民族。基诺族长期居住于西双版纳热带雨林之中，与世隔绝的生活环境形成了他们原始古朴、粗犷的生活习性和性格特征。基诺族依靠刻木记事，流传着丰富的神话传说、故事、诗歌和音乐，其中基诺大鼓舞被确定为首批国家级非物质文化遗产。

大公房

基诺宴会

基诺山寨景区景点导览图

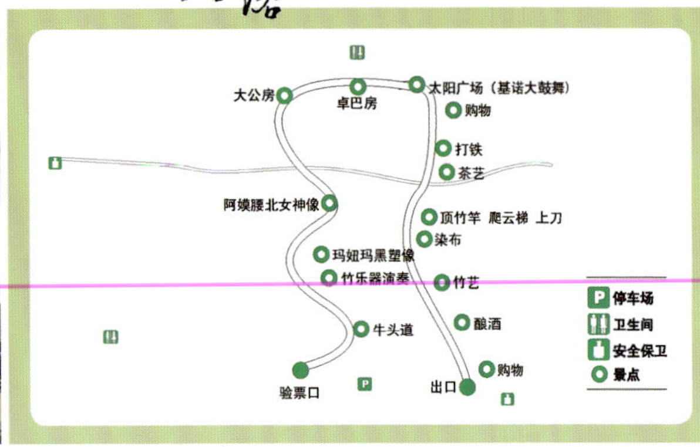

创始女神

太阳广场

精品线路

大鼓门—牛头道—玛黑、玛妞—创始女神—太阳花坛—图腾柱—大公房—卓巴房—大鼓舞—民间茶艺—打铁房—刀山火海—基诺族“阿匹”—民间竹工艺—野果荟萃—民间酿酒—民间狩猎

门票价格：120元/人

直达景区专线：客运站——基诺乡

费用：12元/（人·单程），每天早8：30点发车，每小时一班

勐景来

勐景来景区是在勐海县打洛镇景来寨（古称勐景来）的基础上创建的，该村寨位于昆洛公路距打洛镇2公里处。寨中有水田百余亩，鱼塘若干，田园风光真实自然，塔林庄重肃穆，毗邻一棵千年飞来神树。寨、舍紧密相连，高低错落有致，保留着古朴鲜明的传统建筑风格。整个村寨有着浓厚的原始文化气息和生态村落的典型特征。北面有佛

寺、塔林、菩提神树、神泉，与村寨整体相连，加之悠久的历史以及丰富多彩的自然景观和人文资源，体现了浓厚的南传上座部佛教文化特色。

在勐景来这个“傣、掸”混居的原始自然古寨，傣族传统手工艺在这里得到了完好的保留，如：原始造纸、打铁、酿酒、染布、榨糖、制陶、制作高升、傣锦等。

打洛江一江隔两国，水速时缓时急，迂回曲折，两岸奇山怪石随处可见，古树翠竹比比皆是，边民依江而存的生活劳作场景自然真实，以曼打火寨为起点，左边是中国、右边是缅甸，乘轻快竹筏，漂打洛水，看傣女捣衣、见傣民抓鱼、听山歌对唱，有着陶渊明笔下《桃花源记》的真实意境。

勐景来景区景点导览图

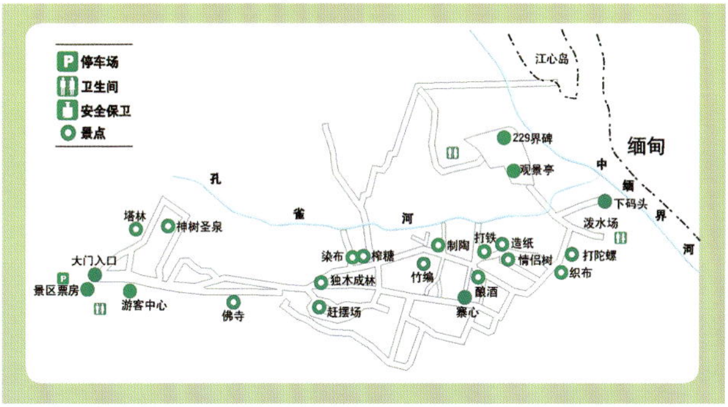

勐景来景区

打洛江

塔林

村寨一角

田园风光

精品线路

寨门—塔林—菩提神树—神泉—佛寺—贝叶经—迎宾树—凤凰展翅—民间赶摆集市—傣乡古寨—染布—榨糖—制陶—酿酒—寨神—铁艺—造纸—情侣树—民居参观—傣锦—圣泉河—打洛江—象山—229界碑

门票价格：50元/人

直达景区专线：起始站：客运站

返城站：打洛客运站

费用：33元/（人·单程），每天早上7：00发车，每20分钟一班

中缅界河漂流：200元/人（含景区门票）

热带花卉园

热带花卉园位于景洪市城西的云南省热带作物科学研究所内，占地120公顷，是国家AAAA级景区、全国科普教育基地。热带花卉园保存热带花卉100多个种300多个品种，以及600多个热带经济植物种类的近7000份种质。漫步园中尽情欣赏各种热带植物、花卉的多姿多彩，真切感受到人与自然、绿色、生命融为一体的和谐韵味。

热带花卉园景区景点导览图

叶子花

王莲

天堂鸟

白鸡蛋花

精品线路

大门—戏鱼区—周总理纪念碑—棕榈区—特色花卉展厅—橡胶文化苑—稀树草坪区—五树六花园—科技陈列馆—空中花园—叶子花园—茶室—可可园—游客中心—大门

门票价格：40元/人

直达景区专线：城区2路公交车

费用：1元/人，发车时间：早8点开始，每小时一班

观光电瓶游览车：30元/人（往返）

西双版纳四季 SEASON

西双版纳属热带季风气候，终年温暖、阳光充足、热量丰富、湿润多雨，具有“长夏无冬、一雨成秋”的特点。一年只分为雨季和旱季两季。雨季长达5个月（5月下旬至10月下旬），旱季则长达7个月之久（10月下旬至次年5月下旬）。雨季降水量占全年降水的80%以上。年平均气温在21℃。景洪地区极端最高气温达41.1℃，极端最低气温2.7℃，常年适于旅游观光。

美食推荐 CUISINE

傣味菜在云南菜系中独享盛誉，西双版纳的居民以傣族为主，傣味菜以糯米、酸味及烘烤肉类、水产食品为主，多用野生栽培植物做香料，具有独特的民族风味。版纳美食中，最具代表性的有：“喃咪”、布朗族菜、哈尼族菜、烤肉、青苔、酸笋煮鱼（鸡）、香茅草烤鱼、香竹饭、炒蕨菜、炸苔藓、菠萝饭、各类烧烤等。

版纳美食

购物指南 SHOPPING GUIDE

西双版纳的热带雨林中蕴藏着丰富的生物宝藏，素有“动植物王国”、“药材之乡”等美誉。无论在景区、市区都有出售民族特色的服装、金银首饰、黑陶器皿、大象木雕、竹编工艺品等，还有热带水果、小粒咖啡、香料、干果蜜饯、茶叶（普洱茶）等。位于西双版纳勐罕镇中心的橄榄坝农特产品购物市场和橄榄坝果脯大世界也是购买西双版纳土特产品不错的去处。

基诺族纺织

三江并流(香格里拉大峡谷·巴拉格宗)风景名胜区

这里曾是无人涉足的境域，是传说中神仙居住的地方，是渺渺人间的圣地，这里就是美丽神奇的巴拉格宗。

香格里拉大峡谷·巴拉格宗国家级风景名胜区处于滇、川、藏三省交界处，“三江并流”世界自然遗产地红山片区核心区中心位置，位于香格里拉县西北部的尼西乡境内，距县城约45分钟车程(214国道二级路面改扩建后)。景区总面积约176平方公里。景区最高点巴拉格宗雪山是香格里拉县的最高峰，海拔5545米；最低点在南部水庄，海拔2000米，相对高差3545米。地形及气候的垂直立体性十分突出，几乎包容了滇西北“三江并流”世界自然遗产地——干热河谷到现代冰川带所有自然垂直带立体生态类型及景观资源。

巴拉格宗景区景点甚多，分布较集中，组合有序，重点突出，立体组合特征明显，以高、深、险惊人，以奇、雄、特闻名，以神、妙、秀催人向往。山脚有奔腾不息的岗曲河水和独具特色的峡谷绝壁，还有酷似热带非洲萨瓦纳的干热河谷景观；山腰有茂密的原始森林，还有各种珍禽异兽和奇花异木；山头有巍峨的雪峰冰川和冰蚀湖泊，有布满高山的花卉和名贵中草药的高山灌丛草甸及流石滩景观。“峡中有峡，峡上有峡，纵横交错，峡峡相连”是巴拉格宗景区的最大特色。

巴拉格宗景区还是一个巨大的资源植物基因库，仅药用植物就有210种，如冬虫夏草、贝母、珠子参、雪莲花、岩白菜、十大功劳等；茂密的山地森林环境，也是野生动物栖息的最好场所，景区内仅哺乳动物就有88种，鸟类180种。

管理机构：云南文产香格里拉县巴拉格宗旅游开发有限公司

地址：云南省迪庆州香格里拉县康珠大道下段巴拉格宗商务酒店4楼

邮编：674400

办公室电话：0887-8288619

咨询电话：0887-8229222

传真：0887-8881969

邮箱：balagezongjingqu@sina.com

网站：http://www.balagezong.com

乃当牧场

三江并流（香格里拉大峡谷·巴拉格宗）风景名胜区导游图 MAP

交通 出行宝典 TRANSPORTATION

（一）区外交通

昆明—>迪庆机场，航程：1小时

成都—>迪庆机场，航程：1小时20分钟

昆明—>香格里拉(车站)，行程：14小时

高快(坐)票价：215元/人

普通(卧)票价：204元/人

香格里拉古城巴拉格宗咨询中心—>巴拉格宗景区，行程：1.5小时

车票：50元/人（往返）

区域交通图

（二）区内交通

1.景区内有不定时观光车供游客游览使用

车程：水庄酒店——崖咱停车场

票价：36元/人（往返）

2.景区内于通天峡和香格里拉大峡谷架设游览栈道

通天峡栈道长度：700米

香格里拉大峡谷栈道：2500米

（以上价格仅供参考，以实际为准。）

旅游服务 TRAVEL SERVICE

水庄酒店是游客进入巴拉格宗景区的第一站，是集餐饮、住宿、综合信息咨询、提供景区宣传资料、订票等多种功能于一体的综合服务设施。

门票价格：150元/人

观光车票价格：36元/人

订票：0887-8282977

订房：0887-8282966

订餐：0887-8282988

精品线路

常规线路：水庄酒店—通天峡—香格里拉大峡谷

精品线路

旅游徒步线路

(1)乃当徒步线路（2天）

D1：从水庄接待中心乘车到巴拉村，巴拉村徒步到乃当牧场，乃当牧场住宿；

D2：返回巴拉村，巴拉村乘车到水庄接待中心。

(2)天然佛塔徒步线路（3天）

D1：从水庄接待中心乘车到巴拉村，巴拉村徒步到花海塘，花海塘住宿；

D2：从花海塘到天然佛塔，观赏天然佛塔及沿途风景并返回花海塘，花海塘住宿；

D3：从花海塘返回巴拉村，乘车到水庄接待中心。

(3)乃当牧场及太阳谷徒步线路（5天）

D1：从水庄接待中心乘车到巴拉村，巴拉村徒步到乃当牧场，乃当牧场住宿；

D2、3、4：观光沿途风景，沿途住宿；

D5：到达四川太阳谷。

通天峡

“南喀”意为天界，“卓绒”意为被流水切割而成的深峡，“南喀卓绒”即通天峡。说南喀卓绒通天是因为，这一深峡直通香格里拉县最高峰——金字塔般的巴拉格宗冰峰。它是由巴拉格宗冰川雪水融化形成的河流沿地层断裂缝经过千百万年冲刷切割而成的，因而人们称此冰川河水为南喀拉曲——天河神水。南喀卓绒深谷从谷底至峡顶长约4000米，峡谷呈U字形，对面两山体距离相近；两边悬崖绝壁成垂帘状，高达千米。因峡谷太深太窄而谷底显得阴森郁暗，犹如行进在地下炼狱的魔道中；从谷底仰望，两边悬崖撑着一线青天。

以南喀卓绒入口为起点近两千米长的峡段是最险峻的地段，谷之幽深犹如刚裂开的山体。雨季谷底，冰川的融水与崖壁的雨水相混，宛如千军万马奔腾而下，撞击崖壁的水声震耳欲聋。在谷底转弯处，岩壁被流水修饰得光滑凹陷，让人叹为观止。最为奇巧的是在不到两千米的谷段内竟有三处垂直跌水，形成高达60米以上的谷中瀑布，十分壮观。而正是这些跌水岩，使人攀不上去，下不了底。当地猎人说，历史上从未有人到过谷底，因为无路可进出。

通天峡

香格里拉大峡谷

香格里拉大峡谷国家公园由尼西巴拉格宗峡谷与格咱碧融峡谷两段景区构成。过去，游人们到此便要止步，因为江两岸是悬崖绝壁，再无顺河进入大峡谷之路，连巴拉村民也难以到达谷中，望尘莫及的人们只能遐思冥想。在这“上天无路，入地无门”的两千多米长的峡谷绝壁上，蜿蜒穿行在香格里拉大峡谷中的悬崖栈道似一条飞腾在江面上的巨龙，朝着东面格咱碧融峡谷方向延伸。这里，千百年来无人涉足，它的一草一木、山石水土都是大自然原汁原味的杰作，走在水平的栈道上，仿佛进入龙宫神界，又仿佛进入梦幻世界。抬头仰望，两翼群峰直通天际，悬崖峭壁直劈江中；两翼山体似画中的仙山神域，清香木、高山栎、藏柏和云冷杉等乔灌木构成的植被葱茏翠绿，点缀山崖，飘逸的云雾缭绕其间；望脚下，江水奔流，绿波拍岸，在栈道上行走的你与水声相伴，宛如仙翁侠客穿越在深峡中的水面上，又似飞龙乘云、腾蛇游雾。正如孙髯翁诗言：“一线中分天作堑，两山峡斗石为门”。

香格里拉大峡谷

峡谷景观植被保存完好，每个象形岩，每处河滩溶洞，都会引人进入联想意境，因而出现了很多传奇故事。据巴拉村的老人说，很早以前，在这河两边的悬崖石洞里边住着水精灵，经常化身为英俊的男子出来招引过路的姑娘。巴拉村曾有三位到崖咱放牛的姑娘，跟着精灵，飘到洞穴听故事，由于精灵讲的故事太引人入胜，三个姑娘忘了回家。后来人们只在河边找到她们的衣物，但当人们用手触之时，衣物便化成灰烬。传说石洞上方不远处的河滩上还有个金刚状的大石头，那是水精灵的宝石。这只是一个灵怪故事。

巴拉村

巴拉为藏语译音，意为自巴塘而来的藏族村。相传，很久以前，格萨尔王手下一位大将厌倦了常年不断的战争生活。一日，梦见三位神女把他带到一个神山林立的仙境般的峡谷，那里没有战争，没有烦恼。翌日，他向佛教师讲述了这个美好的梦，佛教师告诉他，这是雪山山神的旨意，要你去寻找和谐宁静的家园。于是，大将带领家人和手下

春天的巴拉村

走了九九八十一天，为寻找梦中乐土跑遍了康巴地区的山山水水。当他们翻过崩波岗格宗雪山时已是深夜，断粮缺水、精疲力竭的人们一一昏倒在地，第二天醒来不禁惊喜万分，眼前这个山峰环绕，隔离尘世，依山傍水的地方，正是他们要找的理想家园——梦中的格宗（白色堡垒）雪山。于是，他们在此定居了下来。由于大将一家是巴塘人，所以把这里起名为巴拉村，村后面的雪山便被人们称为巴拉格宗雪山。千百年来，他们日出而作，日落而息，世世代代过着与世隔绝的“世外桃源”般的生活。

天然佛塔

天然佛塔位于巴拉格宗神山东北方，是景区的主要景观之一，天然而成的金字塔形山峰身披白雪巍峨耸立在天空下，形似藏族宗教中用来装藏舍利和经卷等物的建筑物——佛塔。因此，被人们称作“天然佛塔”。在佛塔的前方，两座大山形似端坐诵经的喇嘛和展开的经书。此天然佛塔、经书、老喇嘛三座高山被人们形象地誉为“佛、法、僧”三宝。

天然佛塔

乃当牧场

“乃当”意为有住所的坪子，这里是巴拉村人的“避暑山庄”，每户都有一个高三四米的石头垒成的碉堡式小楼房，分两层，下层为牛厩，上层住人，两层间架一独木梯。石房接石房，一户连一户，构成一个高山牧场石街巷。每户都把窗口开向对方家，有什么要紧事只需从窗口通知就可传遍全村。在亚高山草甸上由一座座石砌碉堡式的小型楼房构成的牧场村，在滇西北高原只有此处有，也许在全国藏区也是独一无二。历史上，这里既是夏季牧场，也是巴拉村种青稞、蔓菁的农场。一代又一代的巴拉村人，日出而作，日落而归，辗转在乃当与巴拉村之间。

住宿 ACCOMMODATION

水庄酒店（三星级标准）

：0887–8282966

标间：388元/天，套房688元/天

（以上价格以实际为准。）

水庄酒店标准间

美食推荐 CUISINE

酥油茶、糌粑、奶渣、苦荞粑粑、牦牛肉、琵琶肉、赛蜜羊肉、坨坨肉、维西豆腐、青稞酒。

昆明滇池(西山)风景名胜区

滇池（西山）国家级风景名胜区位于昆明西郊有“高原明珠”之称的滇池湖畔，距市区15公里，北起碧鸡关，南达灰湾，由碧鸡山、华亭山、太华山、太平山、罗汉山等山峰组成，由北向南逶迤升高，最高峰海拔2507.5米，最高的罗汉山高出滇池水面约620米。西山风景区东濒滇池，西迤长坡，占地约889公顷。

西山峰峦起伏，林木苍翠，百鸟争鸣，涧壑流泉，云蒸霞蔚，景色秀丽。远眺西山群峰，既像一尊庞大的睡佛，又似一个仰卧的少女，故称“卧佛山”，又称“睡美人”。明嘉靖年间杨慎在《云南山川志》中赞美西山“苍崖万丈，绿水千寻，月印澄波，云横绝顶，滇中一佳境也。”在明代，昆明西山与通海秀山、巍山巍宝山、宾川鸡足山，合称“云南四大风景名山”。

山中幽篁碧翠，浓荫垂翳，清涧流泉，琤琮和鸣。每年农历三月初三，民间还有“耍西山”，对唱山歌小调的传统风俗习惯。陈毅元帅曾赋三言长诗《昆明游西山》赞道：“昆明城，三月三，数万人，游西山。华亭怪，太华寒，龙门险，滇池宽。叹浩渺，嘉空阔……车如潮，人如海，清明游，相随攀……”

11世纪至20世纪初叶，西山曾建有部阐匡国侯别墅、梁王避暑宫、进耳寺、碧鸡寺、普贤寺、华亭寺、太华寺、太平寺、松隐寺、三清阁、龙门、张仙殿、如意观、朝圣庵、龙王庙等。有些寺庙道观倾圮后未重建。至2000年，有华亭寺、太华寺、三清阁等古刹殿宇楼阁，依山临海，掩映在茂林修竹深处及嵌缀在悬崖峭壁之上。

西山共有11处国家、省市区级文物保护单位。西山太华山麓人民音乐家聂耳的墓园，是全国重点文物保护单位；罗汉山龙门石窟，是云南省重点文物保护单位；华亭寺、太华寺、三清阁等佛寺道观建筑群，以及张天虚墓园等，均属市级重点文物保护单位；还有柏希文墓、杨杰墓等一批县区级重点文物保护单位。西山各级文物保护单位荟萃，都具有极高的观赏游览价值，可称为滇中文物的宝库。

西山国家级风景名胜区是云南省重要贵宾的重点接待单位。接待过英国女王伊丽莎白二世等重要外宾。

现在的西山国家级风景名胜区，游览活动内容丰富。有登山健身旅游、宗教朝山拜佛旅游、文物鉴赏旅游、瞻仰聂耳墓、南洋机工纪念馆的爱国主义教育红色旅游、观滇池日出、晚霞气候风光旅游、观太华寺云南名花及碧鸡玉兰园的花卉观赏旅游、“三月三，耍西山”的民俗活动旅游、考察元代“千步崖”蹬道和梁王避暑台遗址的考古旅游、有观赏龙门断崖和小石林喀斯特地貌的地质旅游等

西山睡美人

昆明滇池（西山）风景名胜区导游图 MAP

交通 出行宝典 TRANSPORTATION

（一）区外交通

昆明长水机场：乘坐空港快线→西驿酒店（小西门）换乘54路→眠山车场换乘6路→西山景区

昆明火车站：乘51路到达西山景区

（二）区内交通

1.景区高峣入口有定时环保大巴乘坐进入核心景区游览

路线：高峣—聂耳墓停车场（6.5公里）

票价：25元/（双程/人），15元/（单程/人）

2.聂耳墓至龙门景区有观览车乘坐

票价：8元/（单程/人）

3.龙门索道

票价：25元/（单程/人）

旅游服务 TRAVEL SERVICE

西山风景名胜区游客中心提供游客咨询、购票、纪念品购买、导游、小件寄存、电子导游器领用等服务。并设置有医疗救护点，为游客提供简单的医疗急救服务。

注意事项：

西山景区海拔较高，气候多变，早晚温差大，最好带上外套。龙门景区内栈道较窄，石梯较滑，请注意登山时穿着防滑的鞋子。

精品线路

高峣乘环保大巴—聂耳墓—乘龙门索道—游览龙门景区—乘观览车返回聂耳墓—乘回程环保大巴—游览太华寺—华亭寺

太华寺

太华寺位于太华山腹，华亭寺南面1.8公里处。太华山北接华亭山，两峰交界处，“上为危峰，下盘深谷，太华则高峙谷东”，山谷陡峭险峻，山涧溪流淙淙。太华寺的天王宝殿，殿额悬挂“气象万千”匾。大雄宝殿为单檐大屋顶歇山建筑，保留了元代建筑的风格。一碧万顷阁，俗称望海楼，两层木结构戗角回廊建筑，阁前有宽阔的平台，可供凭栏观赏草海风光，在这里朝观日出，暮赏晚霞，夜眺昆明城万家灯火。太华寺中广植玉兰、茶花、桂花。早春二月，白玉兰、紫玉兰、朱砂玉兰及茶花迎霜挂满枝头；金秋，则桂香满园。“太华玉兰”，是昆明园林一景。

太华寺

三清阁

三清阁，在太华山南面的罗汉山上，距太华寺2公里。罗汉山北连美女峰、太华峰，南接挂榜山千仞削壁。削壁下是浩瀚滇池。这里山崖险峭、石峰嶙峋、松柏苍劲。三清阁九层十一阁建筑群高低错落，建筑在罗汉山与挂榜山之间的悬崖绝壁之上，高出滇池水面300多米。

三清阁

龙门

龙门，位于三清阁南面，包括北由三清阁“别有洞天”石洞门起，南至达天阁止的整个在千仞削壁上的石窟石道工程。在罗汉山与挂榜山之间，削壁上由北向南原有4个岩洞，明嘉靖年间，北面靠三清阁的一个岩洞已开发，建了“穴石小楼”，当年登这个洞需攀铁索过栈道危磴。龙门、达天阁上接云霄，下临绝壁。石阁两侧，清末民初书法家赵鹤清篆刻对联：举步艰危，要把脚跟立稳；置身霄汉，更宜心境放平。整个龙门石雕、石室、崖壁上，历代文人留下不少题咏，是书法和摩崖石刻艺术珍品。1983年3月龙门石窟被列为云南省重点文物保护单位。

龙门

华亭寺

华亭寺位于华亭山腰，后倚危峰，前临草海，左枕太华，右连碧峣，寺周围，茂林修竹簇拥。寺庙坐西向东，山门外南北两侧，原建有三重檐钟鼓楼，20世纪50年代初，鼓楼倾圮，仅遗钟楼。1978年筑寺院东面围墙，对钟楼重新进行翻修，将钟楼下层作为华亭寺的东面入口。华亭寺除殿宇、佛像、古树以外，厢房回廊墙上及各院落房屋墙面上，镶有元、明、清以来历次修建寺庙的碑记、诗词题咏。寺中还有大量楹联匾额，均为珍贵文物。1983年华亭寺被列为市级重点文物保护单位。

华亭寺

聂耳墓

聂耳墓，位于太华山与罗汉山之间的山坡，坐西向东，苍松翠柏掩映。新整修的墓园占地面积1200平方米，背依青山，前临滇池。墓园呈云南月琴状，7个花坛表示7个音阶。

迂回磴道

迂回磴道全长1076米，共有石阶1193级，进入罗汉山巅千亩小石林。在盘旋陡峭的石道旁，兴建了烟雨亭、遥骋亭、晚照亭，依亭观景，滇池烟雨苍茫。在开凿龙门迂回磴道的基础上，又开发了罗汉山上层游览区。罗汉峰顶，新建琉璃屋面、廊阁组合的“凌虚阁”，美女峰巅，新建圆形的“广寒亭”，两峰之间建“迎曦亭”。石阶、游路在小石林奇峰异石中迂回，上下连接各景点。登上凌虚阁，视野开阔，滇池全貌，四周群山，昆明城景尽收眼底。

站在西山看昆明全景

玉兰园

玉兰园位于西山风景名胜区华亭山东坡，它发挥两山“太华玉兰”的植物景观优势，占地66亩，是全国最大的玉兰专类园。园内种植白玉兰、紫玉兰、朱砂玉兰1000余株，配植杜鹃4000多株，茶花等其他花木2000多株。配以30余种高大乔木和古树名木，如记载在册的古梅、百年樱花、优昙花和大麟肖楠等。并根据季节配置草本花木5000多盆（株），自然式休息活动草坪12000多平方米。

玉兰园

南洋机工纪念碑、陈列室

南洋机工抗日纪念碑位于太华寺以南约一公里的公路上方，1989年7月7日落成典礼。碑高9米，大理石贴面，刻有“赤子功勋”四个字，碑顶有一个当年的南洋机工荣誉纪念章图案。巍巍丰碑矗立在苍松翠柏之中。

特色观赏和体验 UNIQUE SCENERY & FESTIVALS

三月三耍西山

农历三月三日，是昆明人民传统春游珏山的习俗。三月三游春，始于春秋战国时期，称“上巳节”，到三国时期，曹魏把上巳节定为三月三，春游祭祀。到唐代，形成大的春日游乐活动。三月三这天，昆明周围各县区群众身着节日盛装，有的乘车抵高峣登华亭山,有的乘船达龙门村，由千步崖石阶登罗汉崖，10多万人汇集西山，自拉、自弹、自唱、自舞，自娱自乐。20世纪60年代云南省音乐工作者创作的云南民歌“耍山调”就来源于“三月三”。

2000年，由西山风景区组织了第一届“西山三月三民间艺术节”活动。后每年举办一届,期间邀请昆明知名的民间艺人、民间文艺团体，在西山搭台演出，其间有群众喜爱的花灯歌舞、相声、快板、滇剧等。满山小调山歌，欢声笑语，此起彼伏，热闹异常。

丽江玉龙雪山 风景名胜区

玉龙雪山位于东经100°4′2″～100°16′30″，北纬27°3′2″～27°18′57″之间，景区面积415平方公里。主峰扇子陡海拔5596米，终年积雪，发育有欧亚大陆距离赤道最近的温带海洋性冰川。玉龙雪山在纳西语中被称为“欧鲁”，译为银色山岩。其银装素裹，十三座雪峰连绵不绝，宛若巨龙腾跃飞舞，故称为“玉龙”。 又因玉龙雪山的岩性主要为石灰岩与玄武岩，黑白分明，所以，又称为“黑白雪山”。玉龙雪山是纳西人民心中的神山，传说是纳西族保护神“三朵”的化身。

玉龙雪山是国家级风景名胜区、全国首批AAAAA级旅游景区、国家冰川地质公园、全国文明景区和全国旅游标准化示范单位。景区雪域景观、水域景观、森林景观和高山草甸景观丰富独特，民族风情浓郁。经过十多年的精心保护、开发和建设，景区基础服务设施齐全，开发的冰川公园、甘海子、云杉坪、牦牛坪、蓝月谷景点每年吸引200万游客到此观光游览。景区曾先后接待了党和国家领导人以及挪威国王哈拉尔五世、法国参议院议长克里斯莱昂、新加坡总理吴作栋等一大批国际友人，成为宣传丽江、宣传云南、宣传中国的一个重要窗口。

管理机构：丽江玉龙雪山省级旅游开发区管理委员会

地址：丽江市古城区福慧路(2)号玉龙雪山旅游集团大楼

邮编：674100

电话：0888-5161501

传真：0888-5161501

网站：http://www.Lijiangtour.com

玉龙雪山

丽江玉龙雪山风景名胜区导游图 MAP

交通 出行宝典 TRANSPORTATION

区外交通

丽江机场距离市区28公里，现已开通北京、上海、重庆、南京、杭州、成都、广州、深圳、西安、昆明等多个城市的直达航班。从昆明飞丽江，空中行程约40分钟，游客可在昆明市拓东路省民航购票中心（省烟草大楼对面）、丽江县福慧路购票。

丽江地处滇、川、藏三省交会处，公路四通八达，进出丽江以公路最为普遍，丽江有多个汽车客运站，公路交通极为方便。丽江距离昆明公路行程约为527公里，乘坐高速快车大约需要7个小时的时间。还可以乘车到大理由大理转乘火车到丽江。

丽江站位于玉龙县城南口片区上吉村，距丽江城区约10余公里，可直接乘公交车到市区。

火车运行时刻表

车次类型	起始站	发车时间、到达时间	运行时间
K9606/9607空调高快	昆明→丽江	22：25发、06：16到	7小时51分
K9602/9603空调高快	昆明→丽江	23：02发、07：01到	7小时59分
K9610/9611空调高快	昆明→丽江	10：12发、18：25到	8小时13分

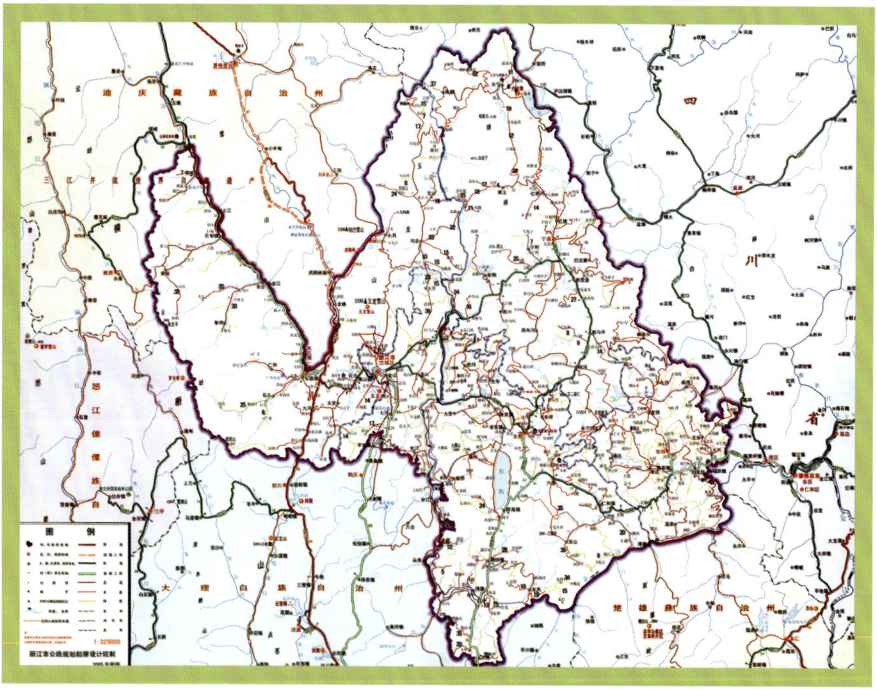

区域交通图

自驾车线路推荐

1. 重庆出发（全程1513.7公里）：重庆→宜宾→昭通→昆明→大理→丽江
2. 成都出发（全程1170公里）：成都→内江→宜宾→云南水富县→昭通→昆明→大理→丽江
3. 深圳出发（全程2123公里）：深圳→南宁→昆明→大理→丽江

丽江城市交通

1. 公交车：丽江市区公交车为无人售票车，票价为1元/人，除此之外市区内还有微型客车、面包车，价格均为1元/人，像出租车一样方便。

2. 旅游专线路：7路公交车由市区（红太阳广场）开往玉龙雪山景区，票价为20元/人。

3. 出租车：丽江市区内出租车打表计时，起步价为7元，每公里加1.8元。

4. 玉龙雪山景区距离丽江市区（丽江古城）15公里，自驾车需要约25分钟的时间。

旅游服务 TRAVEL SERVICE

游客中心

玉龙雪山风景名胜区游客服务中心设在甘海子，距景区门票中心7公里。游客至甘海子游客服务中心后需乘坐景区环保大巴前往各景点。

玉龙雪山景区门票价格表

景区门票类别	价格	包括景区	有效期	优惠范围
玉龙雪山景区	105元	玉龙雪山	当日当次	学生凭有效证件半价优惠；伤残革命军人、现役军人、残疾人、70岁以上老年人免票
大玉龙旅游景区	220元	玉龙雪山、东巴谷、玉柱擎天、玉水寨、东巴万神园、玉峰寺、东巴王国、白沙壁画	两天	

游览蓝月谷、云杉坪景区可选择步行栈道，观光电瓶车

线路名称	价格	游览行程
蓝月谷景点环线	40元/人次	1小时
云杉坪观光线路	20元/人次	20分钟

玉龙雪山景区缆车价格表

景区缆车	开放时间	价格	
		全票	半票及优惠范围
冰川公园索道	07：00～16：00	150元/人	1～1.2米儿童半票优惠，1米以下儿童及革命伤残军人免票
云杉坪索道	07：00～16：00	55元/人	
牦牛坪索道	07：00～16：00	60元/人	

※特别提示：

1.丽江属高原型西南季风气候，气温偏低，昼夜温差也很大。来丽江旅游，最好的季节是春夏季。随身携带品：短袖T恤、毛衣、外套、防晒品、雨具。

2.丽江日照强，紫外线强。长时间在户外活动，请戴上太阳帽，涂抹防晒霜，以保护皮肤。

3.雪山上不宜剧烈运动，不宜饮酒，多食蔬菜、水果，以防发生高山反应。年老体弱者，应备好常用药品。但由于丽江生态较好，氧气还是比较充足。

4.如要徒步虎跳峡，一定要带全户外装备、药品等。建议多人前往。

5.爱好摄影、登山的朋友，请带好有关器材，注意户外保暖。

6.请尊重当地少数民族的生活和信仰，避免与当地居民发生冲突。

7.自助旅游或参团旅游都很方便，但旅游旺季（特别是黄金周）用房及用车不但价格高而且紧张。

8.爱护景区一草一木，注意景区环保，听从管理人员安排，有困难及时与管理人员联系。

精品线路

1.玉龙雪山冰川公园之旅：甘海子—冰川公园—印象丽江—蓝月谷
2.玉龙雪山云杉坪森林公园之旅：甘海子—云杉坪—蓝月谷—印象丽江
3.牦牛坪高山草甸之旅：蓝月谷—牦牛坪—甘海子—印象丽江
4.玉龙雪山自然生态之旅：甘海子—冰川公园—蓝月谷—云杉坪—牦牛坪

玉龙晨色

精品线路

大玉龙景区一日游

丽江—东巴谷—玉龙雪山景区（甘海子、冰川公园、蓝月谷、云杉坪、牦牛坪、印象丽江）—玉柱擎天—东巴万神园—玉水寨—玉峰寺—东巴王国—白沙壁画—丽江。

大玉龙景区两日游

D1：丽江—东巴谷—玉龙雪山景区（甘海子、冰川公园、蓝月谷、云杉坪、牦牛坪、印象丽江）

D2：丽江—玉柱擎天—东巴万神园—玉水寨—玉峰寺—东巴王国—白沙壁画—丽江

精品线路

玉龙雪山景区生态游线路（徒步）推荐

1. 丽江古城—白沙民居—文海—上海村—鲁南—鲁南渡口—虎跳峡—核桃园—新渡口—大具—丽江
2. 丽江—白沙乡—文海村—洋芋场—拉市海—丽江
3. 丽江古城—白沙乡—文海村—香格里—兴文—石鼓—鲁南—虎跳峡—大具—丽江

甘海子

甘海子位于玉龙雪山东麓，原为高山冰蚀湖泊，后因雪线上升，积水减少以致干涸，人称“干海子”。它是玉龙雪山旅游区的游客集散中心，可为游客提供食、住、游、行、娱、购等服务。这里有世界球道最长、亚洲海拔最高、唯一在雪山脚下的高尔夫球场，以及由著名导演张艺谋精心策划的原生态大型白天实景演出节目——印象丽江·雪山篇等旅游项目。这里还是纵览玉龙雪山全貌的最佳位置。

甘海子

冰川公园

玉龙雪山全山共发育有19条现代冰川，其中最大的一条冰川——白水一号冰川（即冰川公园）位于主峰扇子陡正下方，全长2.9公里。冰川的末端是千姿百态的冰塔林，因阳光折射呈现出蓝绿色，人称“绿雪奇峰”。游客须乘坐索道到达冰川公园，欣赏这一奇景。

冰川公园

蓝月谷

玉龙雪山的冰雪融水自雪山东麓穿谷而过，因月亮在蓝天的映衬下倒影在蓝色的湖面上，又因英国作家詹姆斯·希尔顿笔下《消失的地平线》一书中描写的蓝月亮山谷近似于此，故名“蓝月谷”。蓝月谷的水在流淌过程中因受山体阻挡，形成了四个较大的水面，人称“玉液”湖、“镜潭”湖、“蓝月”湖和“听涛”湖。湖岸四周植被繁茂，远处雪峰背衬。湖水是透明的蓝，近乎凝固的湛蓝中，些许的绿意点缀其间。于湖心四顾，白云连横，浮于山际，倒影在湖面，如梦幻影，疑是仙境。

蓝月谷

云杉坪

纳西语称为“吾鲁游翠阁”，意为殉情之地，古时纳西青年男女追求完美爱情的精神家园。这里是一片花团锦簇的高山草甸，四周由高大、茂密的云杉林所围绕，宁静悠远，游客身处其中，已觉远离了凡尘俗事，渐入桃源深处。

牦牛坪

纳西语称为“阁展古”，阁是高山草甸，展为有如星朵罗列，古为一方或一隅，意思是一方有如星朵罗列的高山草甸。这里海拔3658米，一年四季风景如画。春天杜鹃盛开，遍地斑斓；夏日绿草如茵、牦牛成群；秋季草甸洒金、繁花飘香；冬日飞雪迎客、冰崖万丈，尽显雪山雄姿。蓝天、白云、碧草和雪峰，构成了一幅美轮美奂的雪原美景。

雪山牧场

玉水寨

东巴圣地玉水寨是丽江古城的溯源，是纳西族东巴文化的传承基地，保留了传统、古朴的民族风貌，与周围优美的自然景观交相辉映，真正体现了“人与自然和谐发展”这一纳西族传统理念。

玉水寨

东巴谷

东巴谷生态民族村集原生态民族文化和雪山峡谷于一体，通过收集和整理各少数民族特有的工具、用具、器皿、语言、文字、歌舞，发现和挖掘民间具有特殊才艺的匠人、艺人，展示少数民族特有的民族饮食和传统民俗节庆活动，成为集科普性、趣味性和自然景观为一体的旅游景点。

东巴谷

东巴万神园

东巴万神园体现了纳西先民崇尚自然、敬畏自然、人与自然和谐发展的传统理念。该园是根据纳西先民朴素的人与自然的哲学理念和对人生、世界的精彩想象，严格按照天地神灵观念中阴阳相应、有黑就有白、有神就有鬼而列阵布局的，园内千万个神偶以其特有的地域文化特色，在造型和内容上有别于世界上任何一个国家的传统神偶和雕塑。整个园区文化内涵丰富，是对纳西文化立体、形象的展示。

东巴万神园

玉柱擎天

玉柱擎天主要有巨石壁字、太子洞、观音岩等景点。在登高约30米的峭壁上竖刻有"玉柱擎天"四字，这是由清朝雍正年间丽江第一任流官知府杨馝所题写；其左下横刻"玉碧金川"四字，则是由丽江郡丞聂瑞于1725年所题写。登高仰视，玉龙雪山俨然一擎天之玉柱，撑起头上一片蓝天；俯首回望，一马平川、广阔坦荡的田园风光尽收眼底。

玉柱擎天

玉峰寺

玉峰寺建于清康熙末年，是丽江著名的喇嘛寺之一，闻名遐迩的"万朵茶花"植于寺内。这株"山茶之王"已有500多年的历史，山茶树冠面积达56平方米，每年立春后争相吐艳，立夏花尽，共开2万余朵，正面看宛如开屏的孔雀。万朵山茶一树霞，花团锦簇似山茶，被誉为"环球第一山茶花"。

东巴王国

东巴王国以传承和发展纳西东巴文化为宗旨。该园由东巴文化和古代纳西先民村落两大部分组成，其中，东巴文化又包含了两个内容，一是被世人称之为"唯一活着的象形文字"的世界记忆遗产——东巴象形文字墙；二是被中、外学术界称之为"古代宗教绘画第一长卷"的"神路图"。

东巴王国

白沙壁画

白沙壁画主要分布于琉璃殿、大宝积宫、大定阁、大觉宫之中，总计53幅，171.67平方米。壁画始绘于明代洪武十七年（1384年），兴盛于明代嘉靖、万历之际，明末逐渐衰微。现存壁画除大定阁内一部分补绘于清代乾隆年间外，其他为明代作品。其中，琉璃殿、大宝积宫的明代壁画于1996年列为全国重点文物保护单位。

白沙壁画

特色观赏和体验 UNIQUE SCENERY & FESTIVALS

三朵节

“三朵”是纳西族的本主神灵和最高保护神，常常显圣，保护着纳西人的安全，自唐代建祠祭祀，深受纳西人信奉。人们也认为“三朵”就是玉龙雪山的化身。生活在这方土地的纳西族人民，每逢农历二月八日，以各种形式、不同规模举行“祭三朵”仪式，欢庆一年一度的纳西族传统节日“三朵节”。有“年年春二月，户户祝三朵”之说。

火把节

每年农历六月二十五日至二十七日，纳西人一连要过三天的火把节，点三个晚上的火把，以丽江大研古城最为热闹，每家门前要点一支柱子般又粗又大的火把，寨子里的青年们个个拿着又细又长的小火把，沿着田埂、山路，边走边唱，直到深夜。火把燃得越旺，就越吉利，人们越高兴。

米拉会（棒棒会）

米拉会又称“棒棒会”，是云南丽江纳西族的传统节日，每年正月十五日这天，人们扛着马笼头、鸡笼、犁、耙、桶、锄等各种木制农具涌向丽江玉龙纳西族自治县大研镇进行交易。

印象丽江

印象丽江

印象丽江是由世界著名导演张艺谋携王潮歌、樊跃共同执导的原生态大型白天实景演出节目，全剧共分为“古道马帮”、“对酒雪山”、“天上人间”、“打跳组歌”、“鼓舞祭天”和“祈福仪式”六大部分。剧场位于海拔3050米的玉龙雪山甘海子，以玉龙雪山的雄峰为天然背景，演员由来自10个少数民族的500个农民组成，他们用最原生的动作，最质朴的歌声，最滚烫的汗水与天地共舞，与自然同声，带给您心灵的绝对震撼！

玉龙雪山高尔夫

球会位于玉龙雪山甘海子，海拔3100米，这里常年植被茂盛，气候四季宜人。无论您身处球场的任何位置，举目都可看到海拔5596米的主峰——扇子陡。球道全长8548码，是迄今为止世界上球道最长的高尔夫球场。前9洞依山傍水，风景秀丽，后9洞地势险峻，跌宕起伏，极好地保留了球场的原始植被。

雪山高尔夫

玉龙雪山四季 SEASON

玉龙雪山风景名胜区年平均气温在12.6℃，最冷月平均气温5.9℃，最热月平均气温不超过18℃。四季不分明，雨热同季，气温年变幅小，一年中温度的升降变化缓慢，四季长春，适游期较长。冬春季节光照充足，辐射量大，阳光明媚，天空湛蓝，空气清新。

玉龙雪山一年四季景色秀丽，清代纳西族学者木正源用36年时间观察玉龙雪山景色变化，归纳了玉龙十二景，分别是：三春烟笼、六月云带、晓前曙色、暝后夕阳、晴霞五色、夜月双辉、绿雪奇峰、银灯炫焰、玉湖倒影、龙早生云、金水璧流、白泉玉液。

玉龙雪山冬景

住宿 ACCOMMODATION

1. 丽江和府皇冠假日酒店
   丽江古城区祥和路276号
   0888—5588888
2. 丽江阿丹阁酒店
   丽江香格里拉大道
3. 丽江古城三合酒店
   丽江古城区新义街积善巷4号
4. 龙润茶客栈
   丽江市束河古镇青龙河8号
   0888—5116228

美食推荐 CUISINE

丽江凉粉、牦牛肉、丽江雪桃、粑粑、纳西火锅、腊排骨火锅、摩梭猪膘肉、宁蒗黎族陀陀肉、窨酒、苏理玛酒。

粑粑

凉粉

购物指南 SHOPPING GUIDE

木雕木刻、银饰、丽江铜器、虫草、螺旋藻、纳西布挂画、鸡豆凉粉、三川火腿、白芸豆、羊肚菌、竹荪、丽江天麻、东巴蜡染、鸡纵、松茸、青刺果油、丽江蜜饯等。

银器

腾冲地热火山（火山）风景名胜区

腾冲地热火山（火山）风景名胜区位于云南省腾冲县以北25公里的马站乡。公园内火山锥类型多样，有数级熔岩台地，主要有环火山口熔岩台地、环火山锥熔岩台地和裂隙溢出的熔岩台地，面积大、坡度平缓。马站火山群由马站片区的黑空山、大空山、小空山、焦山、城子楼、大团山、小团山等7座火山及曲石片区的柱状节理、黑鱼河组成，为腾冲火山区最大的一个火山群。它的风景自然资源独特、丰富，特殊的地质构造分为火山锥、火山溶洞、熔岩台地、柱状岩石等，地质保护面积约12平方公里，具有较高的科学价值和观赏价值，被誉为“火山地质博物馆”。

管理机构：云南腾冲火山热海旅游区开发管理有限公司

电话：0875–5868997

传真：0875–5868998

景区门票：40元/人

黑空山

交通 出行宝典 TRANSPORTATION

腾冲地热火山（火山）风景名胜区位于腾冲至缅甸板瓦口岸二级柏油路25公里处东侧，有腾冲至滇滩镇的中巴客运车、小车，票价为10元/人，园区提供游览观光车，费用为5元/人。

黑空山

黑空山为典型的截顶圆锥状火山，锥体十分对称，高大雄伟，海拔为2160米，火山口直径400米，深60米，火山口内壁坡度达40度，外壁23～36度，在锥体东北部有一寄生火山锥。在火山锥周围广布熔岩台地，台地发育为大量熔丘流动构造、巨型熔岩绳。

小空山

小空山位于大空山南面，为截顶圆锥状火山。火山海拔1957米，相对高差40米，火山口顶部直径150米，底部喷口直径约60米。火山底部发育为火山中央丘，深40米，呈锅状，表层火山渣、浮岩和火山弹广布。火山弹有纺锤状、面包状、麻花状等，目前发现最大的为0.88×0.7×0.4(立方米)。山上林木葱郁，远眺宛如一颗绿宝石。在其东侧有一寄生火山锥，成椭圆状，无火口，叫饭团山。

小空山

火山地质博物馆

博物馆采用电脑控制灯光模拟火山喷发技术，利用声、光、电、气模拟火山喷发，给观者以身临其境的感受。同时，火山地质博物馆内陈列展示着各种火山活动产物。

火山地质博物馆外景

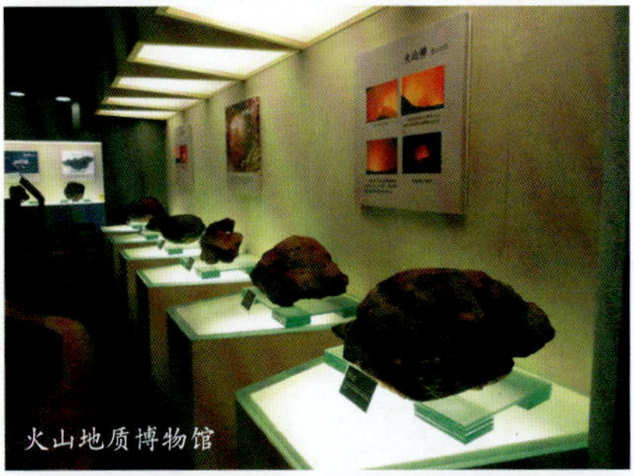

火山地质博物馆

火山弹和火山灰

黑鱼河

黑鱼河是熔岩流堵塞地下水脉而流出来的河。因在火山喷发中地震和熔岩流的作用，这条河流在火山地的凸出部位渗入了地下，在断裂部位又流了出来，形成腾冲有名的两个巨泉，黑鱼河巨泉和坝派巨泉。黑鱼河巨泉因出水口每年的夏秋时节都会流出成千上万的黑色小鱼而得名。黑鱼河巨泉一年四季，清澈见底，而且流量不减，其中两股水流各有特色，一股出河即哗哗欢跳着涌入龙川江；另一股则羞羞答答像个少女，出洞后形成一潭温柔的泉水。两股泉水汇入龙川江，在夏季的洪水暴发期，江中便会形成清浊分明的两样江水，看着别有一番滋味。

黑鱼河

柱状节理

柱状节理沿龙川江流域和大盈江、槟榔江流域呈扇形分布。它是在火山喷发中，由于岩浆的结晶作用及运动挤压下形成的有规则排列的火山石奇观。这些石头有的呈六棱，有的呈五棱、四棱，最大的直径有3米左右，最小的仅有4厘米。江南村天生桥和黑鱼河柱状节理最有特色。江南天生桥柱状节理是以桩式插入江中，露出大面积的节理桩头，从高空看，如蜂房；黑鱼河柱状节理呈柱形，呈放射型，远看像从天而降的一把扇子，如天女散花。

柱状节理

特色观赏和体验 UNIQUE SCENERY & FESTIVALS

火山景区大空山、小空山、黑空山并列排列在一条直线上，地质学上称为“串珠型”火山群，此外火山公园内的七座火山锥排列形状大致为北斗七星状，在地面无法观赏到这一奇观。景区设有热气球、动力三角翼等项目，可俯瞰火山全景，同时为航拍及科普考察提供保障。

热气球

动力三角翼

腾冲境内有傣、回、傈僳、佤、白、阿昌六个世居少数民族，民族风情丰富多彩。其中傈僳族在刀杆节表演的“上刀山，下火海”惊心动魄，令人叹为观止。每年农历的二月初八，火山公园以北26公里的滇滩镇，傈僳族在其居住地举行“刀杆节”欢庆自己的节日。

美食推荐 CUISINE

腾冲独特的地理位置、丰富的自然资源等条件为腾冲风味饮食提供了坚实的物质基础，腾冲风味饮食的形成更有其历史文化内涵。炒饵块、稀豆粉、腾冲咸菜、火山羊、赶马肉等是火山景区周边极为常见的几种美食。

“大碾房”农家乐坐落于腾冲至板瓦二级柏油路20公里处，餐饮区流水潺潺，环境幽美，在这里可以吃到原汁原味的大碾子谷米、苦荞米线、烧鸡等众多美食。

购物指南 SHOPPING GUIDE

在火山特有的地质构造条件下，火山熔岩台地区域生长着各式各样的火山榕树，当地村民就地取材，利用火山石凿制的花盆培植火山榕盆栽，作为火山旅游纪念品。此外，以火山浮石制作的各种纪念品也受到广大游客的喜爱。

火山榕盆栽

腾冲地热火山（热海）风景名胜区

腾冲地热火山（热海）风景名胜区位于腾冲县城南12公里处的清水乡，这里青山环抱，一水喧腾，北起硫磺塘，南接松山箐，东到忠孝寺，西连芭蕉园，面积约9平方公里的范围内，各种地热景观类型丰富。从地质构造来看，腾冲位于世界瞩目的阿尔卑斯山–喜马拉雅山构造带，处于印度板块和欧亚板块急剧聚敛的结合线上。特殊的构造，使得这一地区的地下断层岩浆活动很剧烈。地热温泉中释放出氦和甲烷气体，说明地下岩浆活动一直未停止，并有源源不断的火山供给源。

早在明清时期这里就享有“一弘热海”之盛誉，是腾越十二景之一，素有“天然地热博物馆”的美称。徐霞客曾游历到此，描写道：“飞仰口而张其上颚，其中下部如喉，水与气从中喷出……喷若发机，声如吼虎，其高数天，坠洞下流，犹热如探；或跃时，风从中卷，水辄旁射，揽人于数尺外，飞沫犹烁人面也。”喷气孔、冒气孔、冒气地面、热沸泉、热喷泉、热水泉、热水喷爆等地热景观，有极高的观赏价值和科考价值，同时还有疗养治病的神奇功效。景点主要有沸水翻滚、汽浪蒸腾的“大滚锅”，有喷珠吐玉的“珍珠泉”，有神奇妙方美称的“怀胎井”，有栩栩如生的“蛤蟆吐水”、狮子头、珍珠泉、鼓鸣泉、仙人澡堂及澡堂河瀑布等。

管理机构：云南腾冲火山热海旅游区开发管理有限公司

电话：0875–5158922

传真：0875–5868908

邮编：679100

网站：http://www.rehaiSPA.com

电子邮箱:chinaspa@chinaspa.cn

腾冲热海大滚锅

腾冲地热火山（热海）风景名胜区导游图

MAP

交通 出行宝典 TRANSPORTATION

（一）区外交通

腾冲机场位于离县城约10公里处的清水乡驼峰村。从机场到县城可乘坐出租车，价格在40～60元之间。

腾冲驼峰机场咨询电话：0875–5155581

自驾提示：

热海距离县城12公里，可在县城加油。同时在通往景点的热海路上也有加油站。

保山市腾冲县分中心汽车自驾游接待中心：提供清障车施救、维修、自驾车租赁、组织安排自驾车旅游。

施救电话：0875—5181902

（二）区内交通

进入景区后，可从停车场步行或乘坐游览车。进入景点后，就必须步行游览了。整个景区属于环线游，不走回头路。

游览车价格：单程10元/人，双程15元/人。

电话：0875—5868919/5832896

旅游服务 TRAVEL SERVICE

景区在停车场旁设有游客服务中心。

信息咨询 0875–5133333

游客投诉 0875–5869777

订餐电话 0875–5868898/5868896

旅游纪念品销售 18788034995

门票价格：60元/人

观光车票价：单程10元/人，双程15元/人，至美女池单边20元/人。

精品线路

大滚锅—怀胎井—珍珠泉—鼓鸣泉—姐妹泉—美女池—仙人桥—蛤蟆嘴—霞客亭—澡堂河

大滚锅

大滚锅为景区最大、最壮观的高温热沸泉。水温96.6℃，直径6.12米，水深1.5米，沸水昼夜喷涌翻滚，四季热气腾腾，热气上升后与冷气相遇，形成巨大气柱，百米开外就可赏到直冲云霄的胜景。更有那玄色火山岩穿凿而成的文光亭，凝结了腾越百姓对起义领导人张文光的无限思怀，于是便有人说“大滚锅”泉眼处状若白牡丹的水花便是张文光的英灵所化。

澡堂河

全长15.7公里，属大盈江水系。热气泉出露较多，水热活动十分强烈，既是迷人的旅游风景区，又是重要的科学考察区。在科考区一段的河流，因山势陡峭，河水飞泻而下，形成三重瀑布。随着季节时日和阴晴的变化，澡堂河的风景也变幻无常，气象万千。冬天的早晨，整个澡堂河热气腾腾，烟雾交织，水光山色雾气，构成一幅扑朔迷离的图景。每当夜晚，烟腾雾卷，灯月交辉，水波雾气，五光十色。

珍珠泉

珍珠泉宽约2米，成扇形，期间有数百个喷气孔形成玲珑剔透、珠耀玉烁的“珍珠”。

泉华裙

泉华裙以眼镜泉、珍珠泉、鼓鸣泉泉水常年流注岩石表面形成，形似裙摆，壮丽恢弘。

珍珠泉

鼓鸣泉

水温94.8℃，水性偏酸，作鼓沸状，因巨石阻挡蒸汽及沸水出路，声如击鼓。

美女池

美女池位于澡堂河边。水温45℃，流量3.2升/秒，池水清澈见底，池依石壁。石壁斑斓如画，充满神秘色彩，野芳发而幽香，佳木秀而繁阴。

鼓鸣泉

怀胎井

水温88℃，其水含有氡，对调节内分泌有显著效果。

怀胎井

蛤蟆嘴

蛤蟆嘴

蛤蟆嘴位于热海澡堂河瀑布的东崖上，水温高达95℃，属脉动式沸喷泉。由于长期沸喷，钙化体形成状似蛤蟆的喷水口。沸水向澡堂河斜射，射程1.5米，像两只栩栩如生的蛤蟆在悠闲地吞云吐雾，并伴有呼呼如鼓喉的声响。游人观之，无不叫绝。

特色观赏和体验 UNIQUE SCENERY & FESTIVALS

梦幻腾冲

梦幻腾冲以热海的温婉，马帮的传奇，翡翠的疯狂，家园的血战，民俗的画卷，丝路的复兴，人与自然的和解为内容，运用超一流的高科技声、光、电手段，穿越时空隧道，再现腾冲风骨厚重的历史文化，给观众强烈的震撼和视听冲击。分为“火山热海、古道马帮、碧血千秋、和顺家园和丝路之光”五个篇章。

演出时间：每晚20：00～21：20

票价：至尊VIP480元（送矿泉水每人一瓶）；VIP 280元；甲票 160元；乙票 120元。

联系电话：0875–5151819

演出地点：腾冲县委党校大礼堂

傈僳人家篝火晚会表演

演出时间：20：00～21：30

票价：表演500元/场；表演 ＋ 就餐1000元/场

联系电话：0875–5198388/18908754886

演出地点：腾冲县玉泉园棕包街

注：由于天气情况，参观表演需进行预约，10人以上开演。

腾冲热海四季 SEASON

腾冲属亚热带季风气候，日照充足，雨量充沛，一年内分干季和湿季，年平均气温在21℃左右。干季从11月至翌年4月，湿季从5月至10月。热海景区最高气温32℃，最低气温2.7℃，常年适于旅游观光。

住宿 ACCOMMODATION

1. 养生阁
   - 腾冲热海景区内
   - 0875–5868888
2. 玉温泉
   - 腾冲热海景区内
   - 0875–5868888
3. 腾冲世纪金源大酒店
   - 腾冲县腾越镇西山坝山河村
   - 0875–8888888
4. 腾冲官房大酒店
   - 云南省腾冲腾越路
   - 0875–5199999

5.腾冲民航大厦

腾冲县华严路民航大厦1号

0875—5188903

6.腾冲空港观光酒店

观音塘社区河畔小区258号

0875—5197777

美食推荐 CUISINE

大滚锅饵丝、大救驾、极边乌龙茶聊鸡、火山热海（土锅子）、缘木求鱼、野三妹、温泉松花杯、炒粽包米、香椿。

小吃有饵丝（小锅清汤、鲜肉的），炒饵块、腊腌菜，各种野菜（蕨菜、树花、山葱、苦菜、刺五加、各种野生菌子）。在腾冲北部界头，运气好还可以吃到当地江里的白鱼。此外，由于腾冲气候好，所以各种时鲜蔬菜水果也要比外地多得多。

大救驾

大滚锅饵丝

温泉松花杯

火山热海

购物指南 SHOPPING GUIDE

在景区游览您除了可以看到世界独一无二的景点外，还可以享受特色购物的乐趣。景区内部的特色购物区分布在景区内的蓬莱阁和养生阁。蓬莱阁特色购物区是集购物、休闲、娱乐为一体的园林式购物区，在购物区中可以购买到翡翠、茶叶、印有“腾冲热海”字样的T恤、各族特色商品等。养生阁卧霞轩可购买到陶艺制品、精油产品、纪念T恤、总理碗等。

腾冲土特产很多，快餐饵丝便宜又实惠，果脯很多，有甘草芒果、话梅、柠檬李、开胃多依、开胃山楂、山楂片、蜜糖木瓜等30多个产品。腾冲制药厂的丸药全国有名，方便的话带几盒送亲友不错。

腾冲果脯售卖点：

1.腾冲四馨坊果品有限责任公司

云南腾冲腾越镇洞山谢家寨25号

0875—5036390

2.腾冲元兴果品有限责任公司

云南腾冲腾越镇满邑社区元吉小区224号

0875—5161999

3.腾冲土特产专卖店

腾冲县范家坡环岛

0875—5181987

瑞丽江—大盈江风景名胜区

瑞丽江—大盈江，位于云南省西南部德宏傣族景颇族自治州境内，1994年经国务院审定为第3批国家级风景名胜区。景点遍布全州，主要以潞西、瑞丽江流域、大盈江流域集中成片。景区面积为672.31平方公里，主要景点有芒市树包塔、勐巴娜西珍奇园、瑞丽江风光、莫里瀑布及亚热带沟谷季雨林、姐告中缅街、大盈江风光、凯邦亚湖、梁河南甸宣抚司署等70多处。

瑞丽江—大盈江风景名胜区和缅甸联邦山水相连，傣、景颇、阿昌、傈僳、德昂等民族跨境而居。景区范围广、景点多，景色绚丽，风光旖旎，边境口岸独特，边境贸易兴隆，民族风情浓郁，自然环境优越，被人们誉为“美丽富饶的孔雀之乡，适宜人居的康体天堂”。

瑞丽江风光

瑞丽江—大盈江风景名胜区导游图 MAP

交通 出行宝典 TRANSPORTATION

瑞丽江—大盈江风景名胜区景点分散在德宏州内五县（市）区域内，德宏州首府潞西市（芒市），陆距省会昆明785公里（320国道），每天有数班昆明至芒市的空调大巴；空距427公里，昆明机场至芒市机场航程约45分钟，每天5个航班。县市之间有二级、三级公路连接，县际班车平均每半小时一班。

州内各县长途汽车站：

芒市 ☎0692–2121437/2114694

瑞丽市☎0692–4141423

盈江县☎0692–8180766

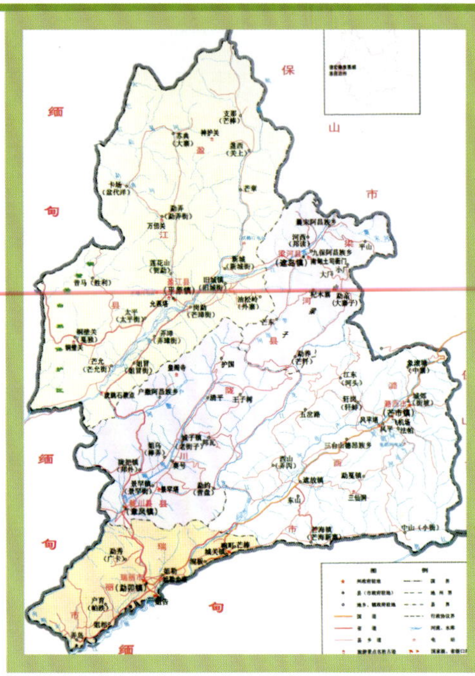

区域交通图

旅游服务 TRAVEL SERVICE

瑞丽江—大盈江景点较为分散，无统一游客接待中心，部分景点设有游客接待中心，如莫里热带雨林。

精品线路 α

D1：游勐巴娜西珍奇园、勐焕大金塔(住芒市)；

D2：瑞丽江热带雨林漂江游、乘美式吉普车游畹町旅游小镇（畹町中缅友谊桥、中央银行旧址、国际邮件交换站、华侨机工抗战纪念碑）、莫里热带雨林、独树成林(住瑞丽)；

D3：瑞丽木姐南坎中缅边境一日游或一寨两国、南姑河淘宝场(住瑞丽)；

D4：乘车经陇川、抵盈江游允燕山佛塔、大盈江风光、铜壁关榕树王、乘船游凯邦亚湖；

D5：乘车抵梁河游傣王宫–南甸宣抚司署后返芒市。

精品线路

D1：腾冲乘车抵梁河游傣王宫—南甸宣抚司署经盈江看大盈江风光、游允燕山，途经陇川观阿昌村落后赴瑞丽(住瑞丽)；

D2：瑞丽木姐南坎中缅边境一日游或一寨两国、南姑河淘宝场(住瑞丽)；

D3：游独树成林、乘美式吉普车游畹町旅游小镇（畹町中缅友谊桥、中央银行旧址、国际邮件交换站、华侨机工抗战纪念碑）、莫里热带雨林、瑞丽江热带雨林漂江游(住芒市)；

D4：游芒市勐巴娜西珍奇园、勐焕大金塔，结束行程。

勐焕金塔

勐焕大金塔坐落在云南省德宏傣族景颇族自治州芒市城区东南方——孔雀湖畔的雷崖让山之巅，距离城区约3公里，四周山清水秀，郁郁葱葱，环境幽雅，视野辽阔。该塔堪称当今中国南传上座部佛教第一塔，塔高73米，底宽50米，高耸挺拔，雄伟壮观，气势恢弘。勐焕大金塔属南亚傣王宫的建筑风格，有着深厚的民族文化内涵。

勐焕金塔

铜壁关榕树王

位于盈江县铜壁关自然保护区内，树冠覆盖面积达9.2亩，有300多支气根，已入土长成新树干的就有168根，因此被人们称为“榕树王”。

榕树王

勐巴娜西珍奇园

属原始古朴、古树名木、珍稀植物、奇石珍宝的生态园林风景区。

勐巴娜西珍奇园

瑞丽江

瑞丽江傣语古称南卯江，即雾水河，其中20余公里属中缅两国界河，是云南省西部的重要河流之一，属亚热带长流河。瑞丽江水流平缓，清平如镜，江畔良田万顷，傣家村寨树竹环绕，风光如画，景色十分秀丽。

夕照瑞丽江

畹町九谷桥

中缅两国的国门桥、滇缅公路中方重点段、声名远扬的“一桥两国”景点——中缅两国以畹町河中线为界，隔河而治：对岸即是缅北重镇“九谷镇”。

畹町九谷桥

银井一寨两国

位于有名的中缅边境71号界碑旁，距离瑞丽市约11公里，是个典型的“一寨两国”边境地区。

一寨两国

莫里热带雨林

位于瑞丽市东北20公里处，面积7平方公里，是集热带雨林、宗教圣地、度假娱乐为一体的景区。景区内层林叠翠、万木葱茏、遮天蔽日，透过浓荫的缝隙偶尔才会闪现丝丝斜织的阳光。

莫里瀑布

凯邦亚湖

凯邦亚湖位于盈江县城西南40公里处，8平方公里水面，深藏于崇山峻岭之中。水面迂回曲折，近百个岛屿及无数半岛，看似岛岛相连，其实岛后有岛，岛水相间，仿佛蓬莱仙境。

凯邦亚湖

大盈江

大盈江是伊洛瓦底江上游的一条支流，发源于高黎贡山南麓，在数百里原始森林峡谷中穿行后来到盈江平原，流速减缓，江面扩宽，两岸是一望无垠的农田，竹树环合的村寨点缀其间，江岸有数千里的凤尾竹堤，江心时见绿色小岛，蓝天白云，翠竹绿岛映在悠悠的江面上，小船轻轻划过，悠扬的傣家情歌随风飘来，构成了一组别致的抒情诗。

大盈江风光

南甸宣抚司署

南甸宣抚司署，在1996年11月27日公布为全国重点文物保护单位，目前是国内保存较为完好的土司衙署，是德宏州唯一独有的国家级文物保护单位。建筑群按汉式衙署式布置，由五进四院，47幢，149间房屋组成，占地面积10625平方米（约等于10亩多土地）。按土司衙门等级分为公堂、会客厅、议事厅、正堂、后花园，五进四院，逐级升高。

梁河南甸宣抚司署

特色观赏和体验 UNIQUE SCENERY & FESTIVALS

瑞丽江–大盈江景区所在的德宏州自然环境优美，历史文化灿烂，民族风情独特，被国内外誉为“孔雀之乡”、“神话之乡”和“歌舞之乡”。居住着傣族、景颇族、阿昌族、傈僳族、德昂族等少数民族，是全国景颇族、德昂族和阿昌族的主要聚居地。每年正月十五是万人欢腾的景颇族的“木脑纵歌”节，三月二十日是阿昌族“阿露窝罗节”，四月十二日是有号称东方狂欢节的傣族“泼水节”。

另外，瑞丽江–大盈江景区和缅甸联邦山水相连，有著名的“一寨两国”、“一桥两国”等，亦可跨出国门，饱览缅甸风光，领略异域风情。

木脑纵歌节

瑞丽江–大盈江四季 SEASON

瑞丽江–大盈江景区地处低纬度高原，热量丰富，气候温和，属南亚热带气候。年平均气温18.3～20℃，年最冷月（1月）平均气温10.9～12.5℃，最热月（6月）平均气温22.8～24.3℃，年均温差11.8～12.8℃，因而“冬无严寒，夏无酷暑”。

德宏气候的主要特点：

四季不明显，春温高，夏季长，秋多雨，冬极短，雨热同期，干冷同季，年温差小，日温差大。在瑞丽江–大盈江景区4～11月只用穿T恤，12月至翌年3月加件厚外套即可。

住宿 ACCOMMODATION

300元以上酒店：

芒市宾馆 0692–2290888

景城大酒店 0692–4159999

凯通国际大酒店 0692–4149528

150～300元酒店：

泰隆宾馆 0692–2210580

太和园宾馆 0692–8184218

丽源酒店 0692–2213088

勐焕大酒店 0692–2115888

150元以下酒店：

德安酒店 0692–2129202

神州宾馆 0692–8180719

九州宾馆 0692–4144601

美食推荐 CUISINE

德宏州气候湿热，食品以酸辣为主，特色食品有“撒苤”、“巴撒”、“撒达鲁”、“景颇鬼鸡”、“过手米线”、“火烧猪”等传统佳肴，“蚂蚁蛋”、“竹虫”、“蜂蛹”、“火烤牛肉干”等特色食品。

蜂蛹

购物指南 SHOPPING GUIDE

瑞丽江–大盈江景区口岸距缅甸克钦邦的翡翠产地与集散地勐拱、掸邦的宝石产地抹谷只有150公里左右。近年来，瑞丽推出了翡翠、玛瑙、玉石、硅化玉及淘宝五大系列品牌，成为国内最大的珠宝交易地，享有“东方珠宝城”之美誉。游客在饱览瑞丽江–大盈江景区的多彩风景的同时，可以体验“赌石”、“淘宝”，购买“傣锦”、“户撒阿昌刀”、“遮放贡米”、“普洱茶”等特产及民族手工纪念品。

普洱

翡翠

瑞丽江—大盈江（莫里热带雨林）风景名胜区

瑞丽江-大盈江（莫里热带雨林）风景名胜区位于瑞丽市东北20公里处，地处在云南省德宏州瑞丽、陇川、芒市一县两市接合部位的莫里峡谷境内，瑞丽江的支流扎朵河上，以其秀丽奇异的自然人文景观及佛教圣地闻名遐迩。景区是瑞丽江—大盈江国家风景名胜区的核心景区，2005年11月被评为国家AAAA级旅游景区，也是瑞丽市唯一的AAAA级景区。

莫里热带雨林保护区森林茂密，古木参天，森林覆盖率达96%以上，生长着1540种植物种类，479种花卉及香料，国家保护的珍稀物种达十几种。景区内水源林面积为2379亩，林木总储积量超过两万立方米。此外，传说佛祖释迦牟尼曾在林区内的温泉旁斋戒沐浴，并留下了一只硕大的脚印，俗称“佛脚印”，信徒兴建金塔一座护卫神迹，金塔旁边有自涌出的佛赐圣水（又称莫里温泉），地表水温达50℃。同时，这里还是负氧离子(18万/立方米)和芬多精较高的一个天然森林氧吧。

走进莫里，你会感到有种神秘的感觉始终追随着，这里原始的热带雨林生态得以完好保存下来，上千种热带和亚热带植物遮天蔽日，保存有勐仑翅子树、龙脑香、合果树、红椿、老虎须、大叶榕、细叶榕、高榕、七叶莲、“森林魔王”绞杀藤以及有“上亿万年活化石”之称的树蕨、桫椤等多种珍稀植物，你可以把硕大的百年古藤看成“吊床”，把残忍的“绞杀树”看成“热带冷血杀手”，把千年古蕨、万年古木化石看做厚厚的时间教科书。

往景区内部走，隐约听到跌水声，循声前行至峡谷尽头，声音已大得如雷鸣，眼界也忽然开阔，见到一条巨幅瀑布倾泻而下，这就是莫里瀑布。莫里瀑布藏于山峦叠翠、

莫里瀑布

山势峥嵘、双峰对峙的广弄山和广马山之间，由60米高的悬崖上倾泻而下，似一匹巨幅白绸，气势磅礴、动人心魄。若顺河而上，到瀑布前的巨石上观景，只见悬崖断壁上雪喷云涌，似白练，似银绸，似雾雨。崖下深潭，深不可测，瀑布潭面浪翻水沸，如鹏击波惊，惊涛骇浪，如万斛明珠沉于琼海，真是“迭水如棉，不用弓弹花自散”的景象。

到瑞丽莫里热带雨林景区感受翠绿，到原始森林里去“醉氧”，那种舒适的感觉简直难于名状。难怪有人说，常年翠绿的莫里热带雨林总会给他们感受不完的惊奇和收获。

管理机构：瑞丽江—大盈江两江管理局莫里管理所

地址：云南省德宏州瑞丽市勐卯镇莫里风景区

邮编：678600

值班电话：13988221139

传真：0692-4143929

邮箱：tailigroup@qq.com

瑞丽江—大盈江（莫里热带雨林）风景名胜区导游图 MAP

交通 出行宝典 TRANSPORTATION

（一）区外交通

云南省德宏傣族景颇族自治州德宏芒市机场。每天大概有12次航班往返昆明与芒市，机票价格在1000元左右。暂无机场大巴，出机场后可搭出租车或包车，至莫里景区，包车单程约200元。

目前，铁路只通到大理，大理至瑞丽的大瑞铁路仍未完工，从昆明坐火车到大理（下关）约40多元。若再从大理坐客运至瑞丽则车票约100多元。

从昆明西部客运站坐车到瑞丽客运站约248元，车程约12小时。

自驾游：昆明→楚雄→大理→龙陵→瑞丽（773公里，9～10小时）。

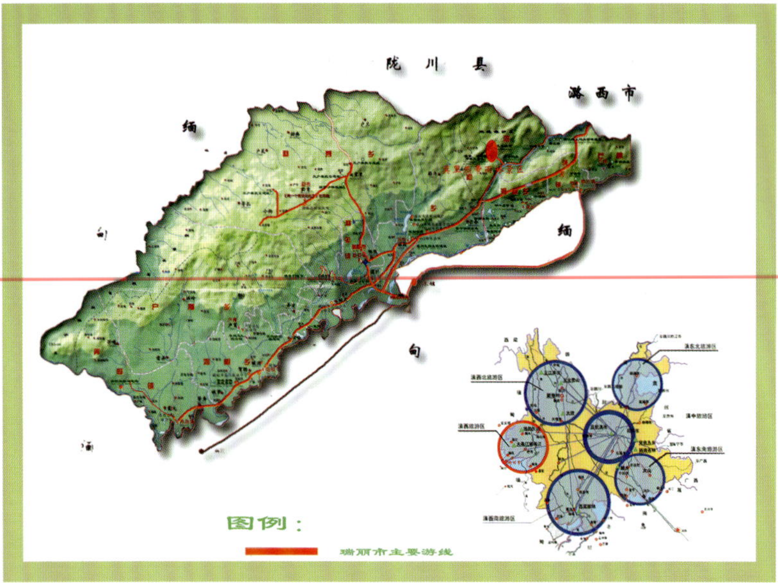

区域交通图

（二）区内交通

景区内部全为水泥与石板组合而成的硬质道路，老人与儿童皆可轻松行走，目前栈道、索道、缆车及漂江游与观光电瓶车道正在进行详细规划。

旅游服务 TRAVEL SERVICE

游客中心：

莫里景区游客中心位于莫里景区停车场旁，一楼服务中心设立有电子显示屏、景区宣传册架、旅游纪念品销售处、游客投诉站、游客咨询处，二楼设立有医疗救助站，三楼设立有警务室。

※重要提示：

由于景区内为热带雨林气候，常有短暂细雨，请勿穿易滑的鞋，避免滑跤。游玩景区时请遵照指示前行并按照指引要求避开可能产生落石的路段。景区内的孔雀为自然生长，具有一定的野性，请勿追逐或逗弄，特别是嘱咐儿童勿靠近。

精品线路

温泉泳池—生态孔雀互动区—佛赐圣水—佛脚印—花园聚宝水车—花卉展示区—八宝树王—热带雨林体验区—树包石—森林魔琴—莫里瀑布

佛脚印

进入莫里景区不远处，有一座供奉释迦牟尼的小乘佛教寺庙，金黄色的六角形殿堂尖顶，精巧细致。佛殿旁边有一个精致的尖顶圆形建筑，里边就是刻有佛脚印的巨石。走进去，只见一块巨大的石头斜卧在中间，在石头底端，有一个脚印，称莫里佛脚印，又称“莫里扎朵”。

佛脚印

树包石

相传释迦牟尼佛祖云游到莫里，手执禅杖，溯扎朵小溪寻源而上，忽见一巨石横陈河边，佛祖便盘腿打坐参禅，闭目合十，口中念念有词，见那禅杖转眼间幻变出一棵参天古榕，长在巨石上，天长日久，那根盘如网，竟成了一景，名曰“树包石”。

树包石

桫椤

桫椤是现存唯一的木本蕨类植物，为白垩纪时期遗留下来的珍贵树种，有“活化石”之称的桫椤树，笔直的树干高可达8米，1～3米长的巨大叶子从树干上伸展开来，十分雄伟壮观。经过漫长的地质变迁，地球上的桫椤大都罹难，只有极少数在被称为“避难所”的地方才能追寻到它的踪影，在莫里景区雨林体验区中四处可见。

桫椤

巢蕨

巢蕨，亦称鸟巢蕨、山苏花，其叶辐射状环生于根状短茎周围，中空如鸟巢，故名。植株高100～120厘米。叶阔披针形，革质，两面滑润，锐尖头或渐尖头，向基部渐狭而长下延，全缘。有软骨质的边，干后略反卷，叶脉两面稍隆起。

老虎须

老虎须

稀有观叶观花植物，花朵紫褐色至黑色，为植物界中所罕见，且形状独特，花基部可生出数十条紫褐色丝状物，很像老虎的胡须，因此得名。

八宝树王

八宝树王

瑞丽莫里热带雨林景区内树龄超过五百年以上的古老八宝树，堪称“八宝树王”。经中科院专家检测，这棵八宝树树龄约500余年，胸径12.75米，树高60多米，是目前德宏州发现的最大、树龄最长的一棵。

垂花火鸟蕉

垂花火鸟蕉

垂花火鸟蕉分布于阿根廷至秘鲁。其两列下垂的船形苞片，鲜艳美观，十分奇特，是极为珍贵的切花材料，在莫里景区中主要分布在莫里温泉与佛脚印一带。

特色观赏和体验 UNIQUE SCENERY & FESTIVALS

目瑙纵歌节

每年的正月十五、正月十六是目瑙纵歌节，是景颇族最盛大的传统节日，数千人乃至数万人踩着同一个鼓点起舞，规模宏大，震撼力极强，有“天堂之舞”、“万人狂欢舞”的美称。它是世界上最壮观的集体歌舞。

中缅胞波狂欢节

中缅胞波狂欢节已成为中国昆明国际旅游节的重要内容之一，定于每年的“十一旅游黄金周”期间举办。节日紧扣“和平、发展、吉祥、共欢”的主题，尊重中缅两国文化和信仰，突出和谐共欢的民族风情，促进了两国边境地区的和平与发展，加深了中缅两国的胞波情谊和文化交流。

中缅胞波狂欢节

泼水节

泼水节实为傣族的新年，一般在傣历六月中旬举行，为期三至四天，也就是阳历4月13日至15日这三天。4月12日的“采花”也是节日必不可少的一部分，傣族人民会组织或相约聚集去山上采花，用舞蹈和歌声迎接盛大节日的到来。到了节日，傣族男女老少就穿上节日盛装，挑着清水，先到佛寺浴佛，然后人们就开始互相泼水，一朵朵水花在空中盛开，它象征着吉祥、幸福、健康，青年手里明亮晶莹的水珠，还象征着甜蜜的爱情。到处是水的洗礼、水的祝福、水的欢歌。朵朵水花串串笑，泼水节成了欢乐的海洋。

泼水节

泼水节的内容，除泼水外，还有赶摆、赛龙舟、浴佛、诵经、斗鸡、跳孔雀舞、白象舞、丢包、放高升、放孔明灯等民俗活动，以及其他艺术表演、经贸交流等。

莫里热带雨林四季 SEASON

莫里景区所处区域属亚热带湿润性季风气候，具有“冬无严寒、夏无酷暑、四季如春、干湿分明”的特点。夏秋半年为雨季（每年5月至10月），冬春半年为旱季（11月至次年4月）。境内气候具有一定的分带性。年均气温19～20.3℃。由于特殊的地理位置形成了景区气候比同纬度的云南东部地带更为湿热，年降水量大，干、湿季较为明显的气候特征。

※游客穿衣提示：

游客如果是在春夏季节前往景区旅游观光，可随身携带一件小外套。如果是在秋冬季节前往景区旅游观光的，可视天气情况适当增加衣物。

住宿 ACCOMMODATION

星级	饭店名称（瑞丽市）	地址（瑞丽市）	电话（0692）	房价（元）
四星	景成大酒店	卯喊路中段95号	4159999 4159777	398.00
待评五星	景成地海温泉度假中心	瑞丽大道东段	6999277	688.00
尚未评星	玉瑞温泉花园	弄恩经济合作区	4109188	320.00
三星	中欧大酒店	乐城街10号	6888888	268.00
三星	新凯通国际大酒店	边城街150号	4157777	360.00
三星	瑞昌大酒店	卯喊路16号	4101888	168.00
三星	昌盛大酒店	姐岗南路112号	4154888	218.00
三星	彩龙大酒店	姐岗南路94号	4141876	288.00
二星	瑞丽江大酒店	边城街138号	4155985 4155666	180.00
二星	乔瑞饭店	瑞京路1号	4156699 4156667	100.00
二星	九州饭店	边城街	4153401 4153402	160.00
二星	钟瑞宾馆	南卯街1号	4100555 4100556	150.00
二星	新客来宾馆	南卯街下段4号	4156718	150.00

注：以上价格以实际为准。

景成大酒店

景成地海温泉度假中心

美食推荐 CUISINE

来到德宏随处都能看到傣族“必郎（大嫂）”摆的豆粉、米粉、卷粉、米线小摊。其最大的特点就是“佐料”特别丰富，有傣家人自制的米醋、甜酱油、大蒜水、大蒜茉油、花椒油、鱼腥草、西红柿酱、小米辣、油辣子、缅芫荽等。傣族的豆粉、凉粉、卷粉、米线都是自制的，味道纯正，还飘着豆香、米香味，放上自制的“佐料”，看了胃口大开，吃了还想吃。

另外，德宏紧邻东南亚、南亚的地理优势，吸引着许多缅甸、泰国、孟加拉、印度的客商纷至沓来，他们同时也带来了异域的风味小吃，主要有甩手粑粑、泡鲁达（一种以奶酪、椰丝、果汁、酥饼等制成的冷饮）、鸡油饭等。

推荐美食：

傣家自制的小锅米酒、蜂蛹、炸猪皮、青椒包肉、白蘸鸡、酸茄喃蘸、火烧乳猪、烤牛肉、豪甩（饵丝）、酸粑菜。

豪甩（饵丝）

凉卷粉

傣家蘸水

酸茄喃蘸

购物指南 SHOPPING GUIDE

德宏有芒果、西番莲、酸木瓜、菠萝蜜、番荔枝、羊奶果、无眼菠萝、陇川橘子等热带水果以及菠萝脯、随川姐乌茶、王子树清茶、土堆鸡枞、竹笋、蕨菜等土特产品。

在这里，游客还能买到最好、最美而且最便宜的缅甸珠宝玉器。以及少数民族金银饰品、织锦、陇川户撒刀、盈江藤器等传统民族工艺品。

珠宝

九乡 风景名胜区

九乡风景名胜区于1994年1月27日被国务院批准为第三批国家级风景名胜区。位于中国西南云贵喀斯特高原的云南东部喀斯特高原，坐落于昆明市宜良县东北部的九乡和耿家营两个乡，两乡均为民族乡，距宜良县城43公里，距昆明市90公里。其南边有云南石林世界自然遗产，交通发达，分别有高等级公路连接宜良县城、昆明和石林。

九乡风景名胜区是以溶洞景观为主体，洞外自然风光、人文景观、民族风情融为一体的综合性风景名胜区。包括已建成开放的叠虹桥景区和拟将建设的大沙坝景区、阿路龙景区、三脚洞景区、马蹄湾景区和马蹄峡景区六大景区。区内有大小溶洞上百座，被洞穴专家誉为“溶洞博物馆”，堪称“东方的斯科斯扬”。景区内有清幽迷人、波平潭深、绿树荫覆的荫翠峡，高达百米壁削险峻的洞内暗峡谷惊魂峡；远古河道贯穿地层形成的洞穴通道，景观绝似钟乳造型而成因迥异的古河穿洞；由暗河涡漩水蚀形成长宽跨度超过200米的地下广场大厅雄狮厅；钟乳石密集壮观的仙人洞，洞内双飞瀑，有“九乡魂”之誉的雌雄瀑；国内最大、世上罕见的大型边石坝群造型的神田；石笋钟乳奇特如林的林荫寨；风吹石弯、低垂密布如地下倒石林的蝙蝠洞。

管理机构：云南省昆明市宜良县九乡风景名胜区

地址：云南省昆明市宜良县九乡乡

邮编：652114

值班电话：0871-7511998

传真：0871-7511948

邮箱：jxwg@ynjx.com

网站：http://www.ynjx.com

马蹄湾

MAP

九乡风景名胜区导游图

交通 出行宝典 TRANSPORTATION

区域交通图

（一）区外交通

九乡风景区位于云南省昆明市宜良县境内，距昆明90公里，距宜良县城40公里，距石林风景区34公里。从昆明出发，可在昆明火车站永平路中北客运站乘中巴车直达九乡风景区，或到东菊客运站和东部客运站乘坐到宜良的高快，到宜良后乘坐21路城乡公交直达九乡风景区。自驾车旅游可走昆石高速公路，乡林旅游专线公路，全长约34公里，从石林出发仅需30分钟左右的时间。

（二）区内交通

1.峡谷观光电梯：国内第一部峡谷观光电梯，建成于2000年4月。建筑高度53米，电梯轨道42米，运行时速1米/秒。“大壑峡崖遮不住，悠忽降临绿水边”。登乘观光电梯，可舒适快捷地直入游览景点，免去300级台阶的攀爬之苦，同时节约了时间。

2.旅游观光索道：索道跨度近1000米，如一条飞虹，横跨于青山翠岭之间，游人可以领略到四季不同的九乡地表风光，可参观古人类遗址张口洞，跨越数万年的时空。

九乡索道

旅游服务 TRAVEL SERVICE

九乡游人中心是游客进入九乡的第一站，建筑面积为1213.45平方米，位于景区聚散广场边。是集自然和地质遗迹多媒体展示、导游服务、查询、综合信息咨询及投诉、提供景区宣传资料、接受医疗救助等多种功能为一体的综合服务设施。游客在这里可以买到景区门票及旅游索道票。

门票价格：90元/人

旅游索道价格：30元/人

旅游投诉电话：0871—7511118

精品线路 a

景区入口—峡谷观光电梯—荫翠峡—惊魂峡—古河穿洞—雄狮大厅—神女宫—雌雄瀑布—神田—彝家寨—蝙蝠洞—旅游索道

精品线路 b

景区入口—峡谷观光电梯—惊魂峡—古河穿洞—雄狮大厅—神女宫—雌雄瀑布—神田—彝家寨—蝙蝠洞—旅游索道

精品线路 c

景区入口—惊魂峡—雄狮大厅—神女宫—雌雄瀑布—神田—彝家寨—蝙蝠洞—旅游索道

荫翠峡

荫翠峡峡长近1000米，水翠波碧，平潭深蕴，人称“小三峡”，也叫“情人谷”，两岸怪石峥嵘，又多地表钟乳，石上古树，绿荫浓郁，峡宽5～7米，崖高40米，水深14～15米。

荫翠峡

地下广场——雄狮大厅

大厅最大跨径达200米以上，总面积15000平方米。洞顶由东向西倾斜，有巨大圆形凹陷涡穴，宏大宽敞，结构稳固完整。

雄狮大厅

洞内双飞瀑——雌雄瀑布

瀑为卧龙洞内奇景，双瀑高悬，高达30米许，水势浩大，终年不息，最大流量为每秒320立方米以上，为我国洞穴中罕见的一大奇景。

雌雄瀑布

大型边石湖群——神田

洞内的边石湖群为世界奇观。据世界洞穴专家考据，在世界上已开发的2000多个洞穴风景区中，九乡的边石湖群是现在已知的洞内边石湖群中规模最大、类型最齐全的大型边石湖群。

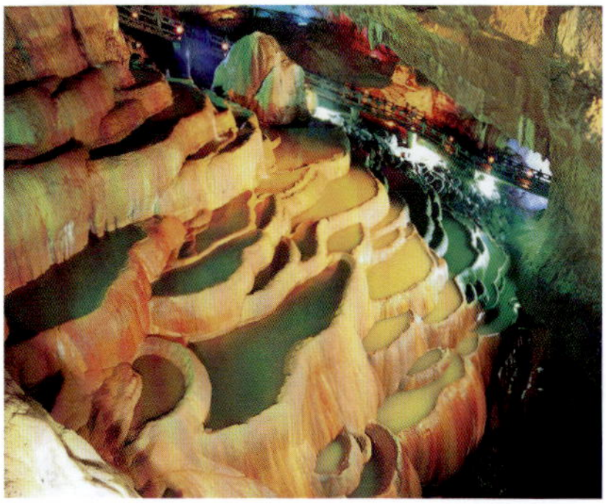

神田

惊心动魄——惊魂峡

峡长700米，是目前国内所发现的最为壮观的地下大峡谷。两岸刀劈斧削一般，峡底到洞顶将近百米，峡中最窄处仅只三四米宽，游人走过无不感到惊心动魄。

惊魂峡

玲珑剔透——神女宫

神女宫为典型的喀斯特地下风光特征，其中的钟乳石玲珑剔透，美妙绝伦，或依或偎，或坐或卧，宛如一群仙女，在此轻歌曼舞，给人如临仙境的感觉。

神女宫

浓郁风情——林荫寨

在深达100 米的地下世界中，蕴藏着独特的彝家风情的景观，密枝林、土司城堡等，反映了古彝先民们淳厚的民族风情特征。

风吹石弯——地下倒石林

蝙蝠洞的特点是钟乳石倒悬垂挂，如同石林倒长一般。这些钟乳石还有一个与众不同的特点，就是石体倾斜幅度大，不规则，细究起来，是因为空气流向不同而造成的。于是，在九乡，又添了一个风吹石弯的神奇景致。

叠虹桥

三脚洞

特色观赏和体验 UNIQUE SCENERY & FESTIVALS

九乡是彝族、回族乡，民族风情浓郁，大拉德和阿路龙都是原生态的彝族村寨。主要节庆有猎神节、火把节等。

猎神节是彝族的传统节日，在每年的农历二月初一举行，主要的仪式是祭祀猎神，节日期间彝家人举办各种民间活动，如：跳大三弦、月琴舞、霸王鞭，还有对唱情歌、斗牛等比赛活动。

火把节在每年的农历六月二十四举行，节日当天，彝家人举着小火把围着大火炬，跳起“丰收舞”，唱起丰收歌，载歌载舞，热情奔放。歌舞结束，大家举行火把游行，一直要游遍各自的田边地角，以此表达消灭害虫、祝祈风调雨顺、确保五谷丰收、人丁平安、六畜兴旺的心愿。

猎神节

九乡四季 SEASON

九乡风景名胜区地处彝族、回族、苗族聚居的山区，气候温凉，平均气温略低于宜良坝区2℃左右，与昆明市区气候温差相等。冬无严寒，夏无酷暑，平均气温14.6℃，最热月7月平均19.3℃，最冷月1月平均7.8℃，年均无霜期234天，年均降水量1064毫米，年均日照时数2123小时，年均相对湿度78%左右。

住宿 ACCOMMODATION

龙河山庄农家乐距离九乡风景区500米处，有房间15间，价格80元/间，📞 0871—7511318。

美食推荐 CUISINE

九乡风景区的美食靠山吃山，食物以山野野生植物为主，春夏秋冬各不同。

春天，吃的是鲜嫩和清新，棠梨花、沙松尖、苦刺花、槐刺花、龙爪菜、扇面松针、香椿炒鸡蛋、爆炒鹅长菜、酸辣龙爪菜等；夏秋，野生菌子唱主角，有干巴菌、牛肝菌、摆荚 、鸡油菌、奶浆菌等十多个品种；冬季，肉食不可错过，可吃到乡村里用包谷、面粉喂养的肥猪宰杀后腌制的腌肉、烤肉、烟熏肉、香肠、牛干巴等乡村风味的菜肴。

吃在九乡，最长盛不衰的是宜良传统烤鸭，具有皮脆、肉香、骨酥的特点，有一百多年的历史，是根据北京全聚德烤鸭演化而来的一道传统菜肴。

购物指南 SHOPPING GUIDE

烤鸭、香板鸭、酱香鸭、鹿血酒、泡缸酒、美味酱菜。

酱香鸭

泡缸酒

建水 风景名胜区

建水国家级风景名胜区位于云南省南部，北距昆明198公里，是国务院1994年公布的第三批国家级风景名胜区。处于滇南风景旅游环线中心。

建水国家级风景名胜区面积35.93平方公里，由中部临安古城——团山历史文化景区，东部燕子洞——颜洞岩溶景区，南部焕文山——黄草坝民族风情景区，北部云龙山宗教文化景区组成，拥有景点122个，其自然景观以秀山静泉、幽洞暗河、峡谷梯田为特色，以“亚洲第一溶洞”燕子洞为代表；人文景观以古城古村、历史文化、民族风情为代表，其历史建筑和传统民居代表着云南地方本土建筑发展的最高水平，被誉为“金临安”、“诗书郡”、“滇南邹鲁”、“文献名邦”、“古建筑博物馆”和“民居博物馆”。拥有汉族祭孔乐舞、哈尼族芒鼓舞三大民族舞蹈，是享誉世界的滇南彝族音乐精华之四大腔中的沙攸腔、四腔、五山腔和中国名陶“建水紫陶”的发源地。

管理机构：建水国家级风景名胜区管理局
地址：云南省建水县城北部新区仁和路
电话：0873-7619772
旅游投诉电话：0873-7620895

建水古城

建水风景名胜区导游图 MAP

交通 出行宝典 TRANSPORTATION

昆明南窑站班车　线路：昆明→玉溪→建水
发车时间：07：00～22：50（19班次）
价格：73～75元/人
建水客运站班车　线路：建水→玉溪→昆明
发车时间：07：00～22：50（33班次）
价格：73元/人

旅游服务 TRAVEL SERVICE

1.建水旅行社
建水县永祯路红运大世界内
0873-7650558/7650519/7652241
传真：0873-7650575

2.昆明中国国际旅行社建水分社
建水县城北正街孔子文化广场北楼B8-B9座
0873-7657616/7658868
传真：0873-7658606

精品线路 a

建水古城—燕子洞（观攀岩表演、品燕窝粥）—建水古城（文庙、朱家花园等）

精品线路 b

建水古城—团山—建水古城（文庙、朱家花园等）

建水文庙

建水文庙始建于元朝至元二十二年（1285年），至今已有700多年的历史。经历代50多次扩建增修，占地面积已达7.6万平方米，其现存规模、建筑水平和保存完好程度，都仅次于山东曲阜孔庙和北京孔庙，在全国大型文庙中名列前茅。

建水文庙依据曲阜孔庙的风格规制建造，采用南北中轴线对称的宫殿式，东西两侧对称布置多个单体建筑。主要建筑包括：一池、一殿、一阁、二庑、三堂、三亭、五门、六祠、八坊等共37个。整个建筑宏伟壮丽，结构严谨，给人以庄严肃穆之感，为建水这一国家级历史文化名城增添了极其丰富的传统文化内涵。

文庙门票价格：60元/人

建水文庙

燕子洞

建水燕子洞被中外岩溶专家赞誉为“亚洲第一溶洞”，位于建水县城东22公里的群山峡谷中，距省会昆明220公里，全县有高速公路通达。

燕子洞以“古洞奇观、春燕云集、摩崖石刻、钟乳悬匾、采燕窝绝技”等独特的景观著称于世。因数百万只大白腰雨燕巢居洞内，并盛产滋补佳品燕窝而得名。每年3月21日举行的“迎春燕钟乳悬匾”活动、8月8日开始的为期一个月的采燕窝活动、每天的徒手攀岩绝技表演，都令人叹为观止。

整个景区由自然林地、旱洞、水洞三部分组成。旱洞以摩崖石刻、绝壁长廊、春燕云集等独特的人文景观著称，较集中地展示了燕子洞风景区的历史发展轨迹和文化遗迹；水洞以丰富的岩溶景观著称。

燕子洞门票价格：80元/人

燕子洞

朱家花园

朱家花园距昆明198公里，全程贯通高速公路，约3小时车程。朱家花园是清末年间当地富绅朱渭卿弟兄所建的家宅和宗祠。始建于清光绪年间，前后经历30年，于清宣统年间终告落成，是云南省首屈一指的私家园林。整座建筑占地2万多平方米，主体建筑呈“纵四横三”布局，为建水典型的“三间六耳三间厅附后三耳，一大天井附四小天井”并列连排组合式民居建筑群。院内房舍布局井然有序，院落层出迭进，门中有门，院中有院，空间景观层次丰富且变化无穷，共计大小天井42个，房舍214间，享有滇南“大观园”之美誉。

朱氏家族是一户经商人家，大门左侧沿街的两院跑马转角式吊脚楼为朱家百年商号“朱恒泰”商铺旧址，现在开设其为“金临安茶苑”，茶苑内环境清新、古朴、典雅，洋溢着浓郁的传统文化气息。金临安茶苑每晚表演独具特色的建水民歌方言小调和少数民族风情歌舞，是了解建水民族、民俗文化的极佳场所。

朱家花园门票价格：50元/人

朱家花园内景照片

团山古村

团山景区位于建水县城以西13公里处，为典型家族式村寨。现存有建于清末，保存完好、较有特色的古民居及寨门、寺庙、宗祠、古井、寨墙、碉堡等古建筑共计21所。古建筑由汉族青砖四合大院、彝族土掌房和汉彝结合的瓦檐土掌房三类组成，体现了多民族聚居的建筑特色。每座建筑装饰的木雕屏门、格扇窗及石雕、砖雕、彩绘书画无一不是精美绝伦的艺术作品。

张家花园是团山民居的代表。另外的将军府、皇恩府、秀才府、保统府、土掌房，都是滇南民居建筑的代表作。

团山现存书法2977幅，画2617幅，均为清末民初建水以及滇南名士所作。文化内涵深厚，深受人们赞誉，成为建水“民居博物馆”的重要组成部分。

团山古村门票价格：20元/人

团山古村

建水四季 SEASON

月份	1	2	3	4	5	6	7	8	9	10	11	12
月平均气温（℃）	12.3	14.4	18.3	21.1	22.6	23.2	22.9	22.5	21.2	18.7	15.1	12.00
穿衣情况	羽绒服	厚毛衣	薄毛衣	薄型套装	薄型套装	衬衣	衬衣	衬衣	衬衣	薄型套装	薄毛衣	羽绒服

住宿 ACCOMMODATION

1.建水酒店

建水县北正街75号

0873–3186888

房间价格：268元/间

2.朝阳大酒店

建水县城隍庙街6号

0873–7662401

房间价格：178元/间

3.红满天客栈

建水县翰林街朱家花园斜对面

0873–7654719

房间价格：218元/间

4.华清酒店

建水县翰林街（据朱家花园350米）

0873–7666166

房间价格：280元/间

5.兴富酒店

建水县建水大道（碗窑路口）

0873–7620599

房间价格：178元/间

6.民康客栈

建水县临安路中段

0873–7653882

房间价格：60元/间

（以上价格仅供参考，以实际为准）

购物指南 SHOPPING GUIDE

紫陶、燕窝、燕窝粥、草芽、酸甜石榴、小方块豆腐。

普者黑 风景名胜区

普者黑国家级风景名胜区、国家AAAA级旅游景区位于云南省东南部、文山壮族苗族自治州丘北县境内，距省会昆明286公里，距州府文山113公里，距文山普者黑机场80公里。“普者黑”是当地彝语，意为盛满鱼虾的湖。景区总面积388平方公里，国家级风景名胜区152.8平方公里，属滇东南岩溶区，为发育典型的岩溶地貌，以“水上田园、彝家水乡、岩溶湿地、荷花世界”四大景观而著称。

景区内256个景点各具千秋， 312座孤峰星罗棋布，83个溶洞千姿百态，54个湖泊相连贯通，万亩荷花婀娜多姿，2万亩水面清澈透明，13公里大峡谷雄伟壮观，3公里茶马古道神秘古朴，4万亩高原湿地让人叹为观止，壮、苗、彝等少数民族风情摇曳多姿，被誉为“世间罕见、中国独一无二”的喀斯特山水田园景区。

普者黑景区民族文化底蕴丰厚，壮、苗、彝等少数民族浓郁的民族民间文化构成了普者黑旅游文化的主流。如：苗族的“花山节”、壮族的“祭龙节”、彝族的“花脸节”、独具特色的“辣椒节”等。特别是彝族的“花脸节”，是云南省最具影响力的民族文化精品，更成为全国特有的民族文化品牌。围绕“浪漫普者黑”、“激情普者黑”、“休闲普者黑”、“多情普者黑”的旅游功能定位，普者黑景区已形成水上娱乐、休闲度假、农业观光、乡村游、湿地体验等众多旅游产品。

目前，随着航空、高速公路等交通线路的建成，加快了普者黑景区与国内外著名风景区的对接步伐，普者黑景区在全省旅游业中的地位不断加强，已成为云南省三大旅游热线之一的滇东南喀斯特精品旅游景区。在“云南省旅游业发展十一五规划”中，被确定为云南省十大旅游度假区之一。同时，景区已成为文山州旅游业的龙头及全州对外开放的一扇窗口，吸引了众多中外游客前来旅游。

管理机构：普者黑风景名胜区管理局

地址：云南省文山州丘北县普者黑景区大门左侧

邮编：663200

值班电话：0876-4610006

传真：0876-4610006

邮箱：qbly001@163.com

网站：http://www.ynpzh.com

普者黑田园风光

MAP

普者黑风景名胜区导游图

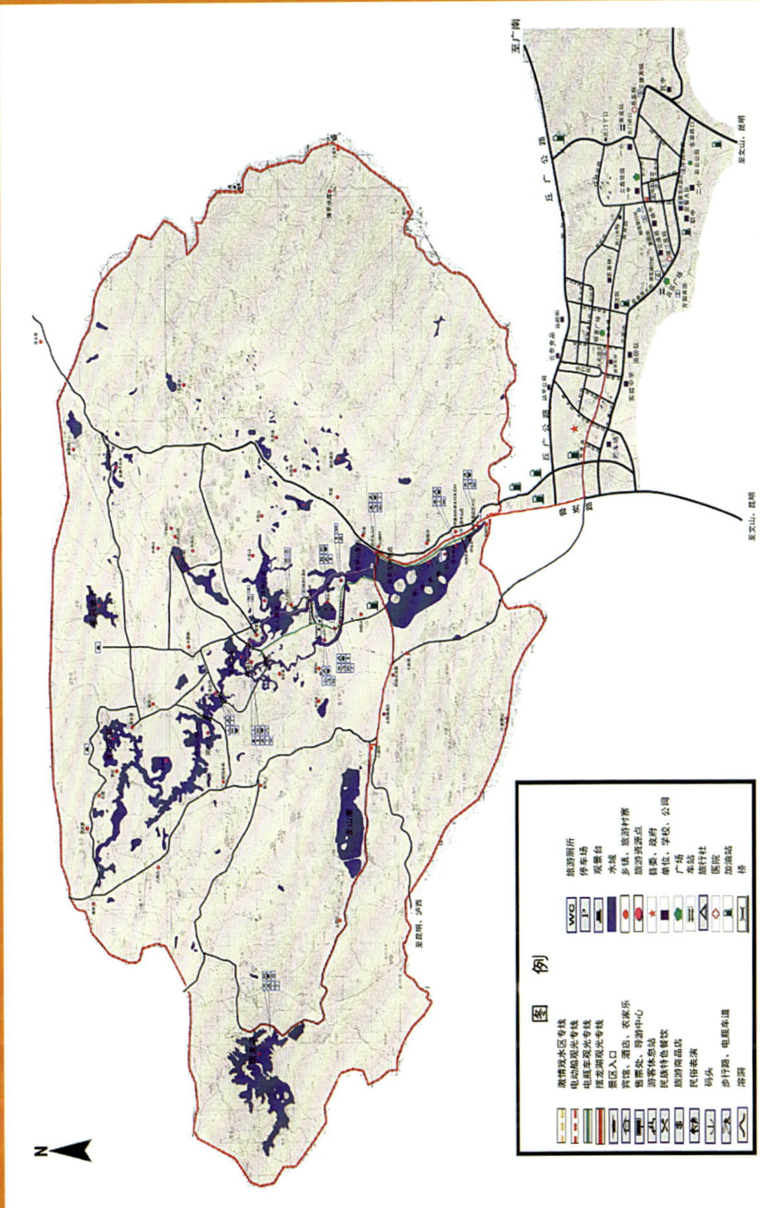

交通 出行宝典 TRANSPORTATION

（一）区外交通

文山普者黑机场位于丘北县，由昆明机场乘机30分钟抵达文山普者黑机场，从机场乘车1小时左右到达普者黑景区。

旅游巴士：昆明至普者黑景区286公里。昆明乘车地点：东部客运站，发车时间：每天早8：00～晚20：00，联系电话：0871-3833680。

自驾车：昆明→石林→弥勒→江边→普者黑

昆明→石林→弥勒→锁龙寺→炭房→普者黑

景区公共交通：丘北县城至普者黑景区13公里，每天都有公交车往返。发车时间为早7：30～晚18：00，每隔30分钟一趟，也可从县城直接乘坐出租车到达普者黑景区。

（二）区内交通

1.景区观光车全票价为60元/人，有四个站点：新景区入口处、七O新村、景区大门和青龙山，每个站点之间的票价为20元/人。发车时间为：早8：00～晚21：00（旺季），早8：30～下午5：00（淡季），联系电话：0876-4610188。

2.景区内栈道、游人步道、自行车道路况良好，可按照需要自行选择游玩方式。

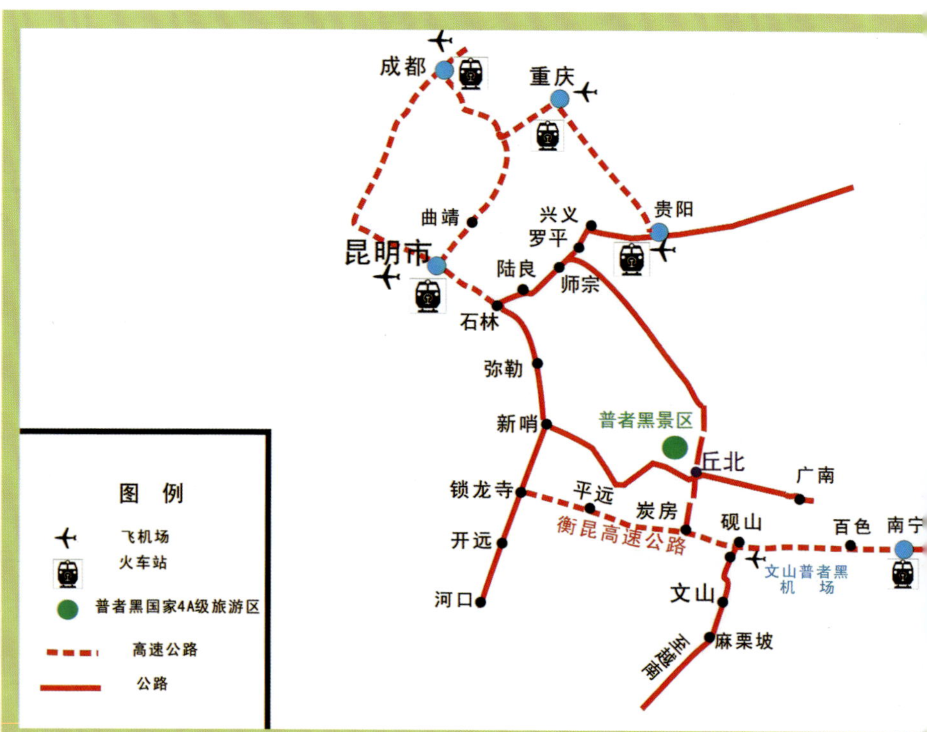

区域交通图

旅游服务 TRAVEL SERVICE

普者黑风景名胜区游人中心位于景区大门左侧，可向游客提供多媒体展示、游客查询、信息咨询等服务。

联系 ☎ 0876-4610004

投诉 ☎ 0876-4610006

游人中心

精品线路

双甲山码头—荷花大观园—大湾子（樱花浪漫谷）—花山石桥—青龙山码头；换乘柳叶小舟体验激情水战：普者黑湖—情人桥—沉鱼池—万亩荷路—仙人湖—天鹅湖—蒲草塘码头（票价380元/(人1次)，游览时间240分钟，可乘坐两次游船）

龙泉湖：

阿鲁白码头—音乐喷泉—荷花大观园—普者黑西荒湿地码头（游览方式：乘坐电动观光船，票价160元/(人1次)，游览时间50分钟）

西荒湿地：

双甲山码头—普者黑西荒湿地—双甲山码头（游览方式：乘坐电动竹筏船，票价100元/(人1次)，游览时间50分钟）

双甲山：

双甲山码头—大湾子—花山石桥—青龙山—普者黑湖—仙人湖—双甲山（游览方式：乘坐电瓶观光船，票价260元/(人1次)，游览时间150分钟）

激情水路船：

双甲山码头—天鹅湖—仙人湖—普者黑湖—青龙山码头（游览方式：乘坐一叶小船，票价200元/(人1次)，游览时间120分钟）

摆龙湖：

科技示范园红豆杉培育基地—太阳魂葡萄酒庄—那红壮族文化村—摆龙湖

（游览方式：自带车，乘坐电瓶船，票价60元/(人1 次)，若无车另加40元/人）

摆龙湖景区（红旗水库）

摆龙湖景区位于日者镇摆落村摆落大山，距普者黑景区19公里，属于普者黑国家级风景名胜区的特级保护区。水库总库容量5370万立方米，平均水深27米，水域面积3.16平方公里，库中分布有10座小岛和3个半岛，岛上植被繁茂，花草幽香，全部为云南松和杜鹃。水质清澈明洁。湖岸线蜿蜒曲折，群山环抱，环境优美，水中两座大岛形似双龙摆尾，故称“摆龙湖”。秋冬季成千上万只野鸭、白鹭丝成双成对，湖中鱼群时隐时现，为水上娱乐、休闲度假胜地。

摆龙湖

仙人湖

仙人湖位于仙人洞村西北，湖面不规则展布，南北长约2公里，面积近1平方公里。湖岸线曲折迂回，湖岸孤峰林立，有“雄狮卧波”、“仙女卧波”、“狮子山”等山峰立于湖面。湖水明浩如玉，平均水深约3米。

仙人湖

西荒湿地

西荒湿地位于普者黑景观大道中部，景区内有天然浴场、垂钓场、生态养殖场、万亩芦苇荡等旅游景点，能为广大游客提供休闲、娱乐、垂钓、自驾游等服务。

西荒湿地

菜花箐

菜花箐

荷花大观园

荷花大观园

特色观赏和体验 UNIQUE SCENERY & FESTIVALS

普者黑“花脸节”

普者黑“花脸节”是彝族传统节日，至今已有1000余年的历史。节日期间人们用锅烟子互相抹花脸，祈求风调雨顺、五谷丰登，这也是男女青年的求爱方式。自普者黑景区开发以来，至今已举办了13届。2009年中国云南·普者黑花脸节“千人跳弦子，万人抹花脸”成功申报吉尼斯世界纪录。“花脸文化”已经走出普者黑，响彻省内外，成为全国少数民族民间文化的精品之一。

举办时间：农历六月二十四至七月二十四

花脸节

活动内容：开幕式大型文艺表演、祭祀仪式、抹花脸狂欢、天天泼水节、弦子舞比赛、服饰展演、民族篝火晚会、彝族长街宴、放荷灯等。

普者黑四季 SEASON

普者黑景区气候总体上属于中亚热带高原季风气候，年平均气温16.4℃，历年极端最低气温零下7.6℃，历年极端最高气温34.9℃，年无霜期282天，年平均日照1993小时，年降雨量1174.8毫米。冬无严寒，夏无酷暑，四季温差小，干湿季分明，适合休闲度假、健身疗养。

万亩荷花

住宿 ACCOMMODATION

丘北县共有宾馆、酒店、农家乐等183家，旅游接待床位7043个。其中城区101家，景区82家， 3星级酒店2家，2星级酒店2家。

天成太和酒店

县城椒莲广场

0876–4615888

雅庆168商务酒店

县城椒莲广场

0876–4653168

瑞和大酒店

丘北县人民路

0876–4125666

银湖大酒店

普者黑景区内

0876–4610068

普者黑度假村

普者黑景区内

0876–4610222

电力宾馆

丘北县彩云街

0876–4129468

丰园大酒店

丘北县东湖路

0876–4129168

锦荷商务酒店

丘北县城60米大街

0876–4652666

锦城商务酒店

丘北县人民路

0876–4663666

特色农家乐

清荷院

普者黑景区内仙人洞村

13404932123

喷古家园

普者黑景区内仙人洞村

0876–4610603

生态农家乐

普者黑景区内仙人洞村

0876–4610688

美食推荐 CUISINE

1.彝家传统佳肴——羊汤锅：羊汤锅，是丘北彝族传统的佳肴，其做法是将宰杀好、洗净的全羊放在大锅里慢慢熬煮而成。“全羊一锅熬，鲜美味齐全”，羊汤锅是彝族接待贵客的最高礼节。

2.苗家传统佳肴——狗汤锅。苗家狗汤锅清香扑鼻，其汤汁乳白，狗肉鲜美香甜，配上丘北辣子制成的蘸水，香得不舍弃筷。

3.滋补佳品——黑药炖鸡。

4.高寒山区彝族农家饭。用土法腌制的腊猪脚、腊三线色鲜味美；荞饭、包谷饭生长期长达半年以上，品质好，营养丰富，成为人们难求的保健品；另外，还有舍得紫洋芋、磨菜豆腐、熬红豆、野生草炖乌鸡、烤全羊等，都属绿色食品。佐以当地自酿的小锅酒，让你荡气回肠。

5.普者黑农家乐——全鱼宴。普者黑湖畔的彝族撒尼人传统的用鱼做的菜肴有多种，其显著特点是突出一个“鲜”字，所有鱼肴都是捕捉无污染的天然湖水中自然生长的鲜鱼烹制。

6.普者黑农家乐——荷花全席。普者黑景区内的彝族撒尼人自古就有用荷叶、荷花制作菜肴的传统。在这里可品尝到独有的荷叶煎鸡蛋、荷叶包鸡、炸荷花、莲子粥、莲子煮猪脚、莲藕煮排骨、炒鲜藕、藕粉等美味。不仅让你一饱口福，还是一场极美的视觉盛宴。

彝族农家饭

荷花全席

购物指南 SHOPPING GUIDE

土特产品：丘北辣椒、腻脚酒、粉红腰豆、太阳魂系列葡萄酒、普者黑藕粉。

民族手工艺品：普者黑景区风光秀丽，少数民族风情浓郁。当地彝族、壮族、苗族、瑶族、白族等少数民族服饰，花围腰、荷包、绣花鞋等刺绣品及银镯子、银项圈、灯笼耳环、手镯、戒指等金银饰品均是广大游客喜爱的民族手工艺品。

丘北辣椒

太阳魂系列葡萄酒

阿庐 风景名胜区

阿庐风景名胜区位于云南省东南部泸西县境内，是国务院2004年公布的第五批国家级风景名胜区，面积为12.76平方公里，荟萃了阿庐古洞风景区、城子古村、白水塘生态观光景区等十余个景点，以喀斯特地貌自然景观为主体，辅以醇厚民族文化，形成了和谐优美的生态文化旅游区。

县城观光休闲文化旅游区包括阿庐古洞、阿庐文化中心、阿庐旅游商城、文庙、钟秀公园、矣邦湖生态湿地公园（含灵龟山、紫微山、黄草洲湖等）。核心区阿庐古洞被誉为“云南第一洞”，洞内四大自然奇观——佛光惊现、天造神物、古洞云海、地河幻景，世所罕见。

北部水域休闲文化旅游区包括吾者温泉景区、阿拉湖景区、白水塘-梨源景区、杨梅山景区等。

南部山水风光休闲文化旅游区包括南盘江景区、冒烟洞-小江河观光旅游区、永宁城子古村旅游区、九溪山景区、三塘和向阳花海（农家乐旅游群）、阿盈里古战场-歹鲁瀑布。

管理机构：阿庐风景名胜区管理局
地址：云南泸西县阿庐古洞风景区管理处
电话：0873-6652600
网站：http://www.7alu.cn

阿庐花海

阿庐风景名胜区导游图 MAP

交通 出行宝典 TRANSPORTATION

（一）区外交通

游客赴阿庐风景名胜区线路：昆明→石林→泸西（全程166公里）；曲靖→陆良→师宗→泸西（全程135.3公里）；蒙自→鸡街→开远→弥勒→泸西（全程188公里）。

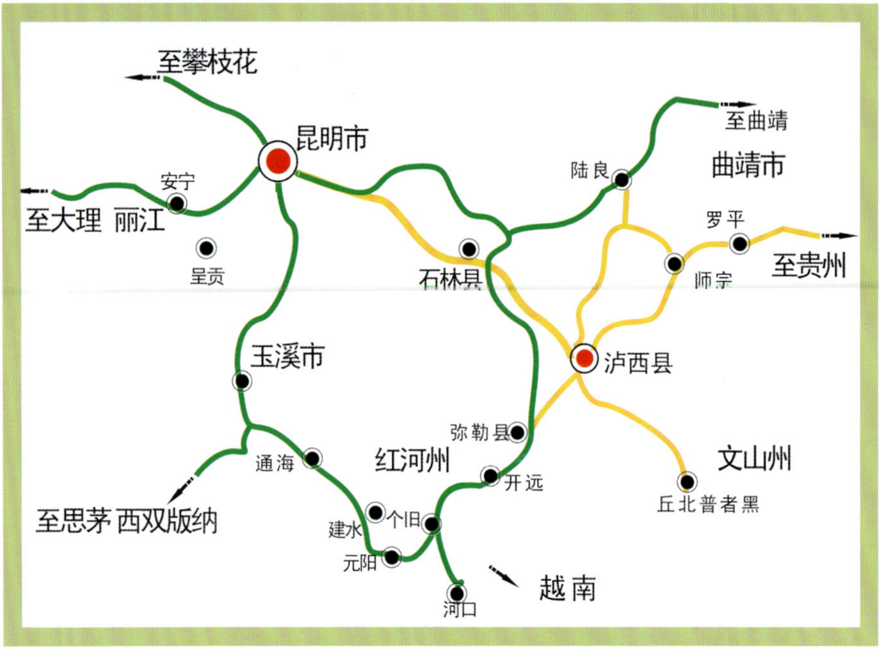

区域交通图

1.昆明东部客运站

线路	发车时间	票价
昆明—泸西	早7点至下午6点滚动发车	49元/人

2.蒙自汽车客运新站

线路	发车时间	票价
蒙自—泸西	8：00、8：50、9：30、10：30、12：30、14：30	46元/人

3.曲靖高快客运站

线路	发车时间	票价
曲靖—泸西	7：00、8：10、12：30、13：30	43元/人

4.师宗客运站

线路	发车时间	价格
师宗—泸西	早7：30至下午5：40滚动发车	13元/人

特别提示：

景区周边加油站：泸西西园加油站（县城阿庐大街）、双龙加油站、永宁加油站（去城子方向）、小涛加油站（去白水塘方向）。

汽车维修店：

泸西县进口汽车维修中心（地址：阿庐大街；电话：0873-6621794）。

阿庐汽车维修中心（地址：南桥寺，南屏小区，泸西县气象局附近；电话：0873-6626999）。

（二）区内交通

泸西县内有公交车直达阿庐古洞，发车时间：每天上午7：00～下午9：00，票价1元/人。泸西客运站乘坐面包车到城子古村，距离26公里，发车时间：上午7：00～下午6：00，滚动发车。

旅游服务 TRAVEL SERVICE

1. 阿庐古洞风景区游客接待中心：位于阿庐古洞风景区内，提供景区宣传资料及咨询。

阿庐古洞门票价格：90元/人，含索道、游船、观光车。

游客投诉 0873-6621508

2. 城子古村游客接待中心：为游客发放画册、折页、海报、书签等宣传资料，售票亭处有绣花鞋、鞋垫、民族服饰、民族挎包等旅游纪念品销售。设有医务室两间。

城子古村门票价格：50元/人

游客投诉 0873－6971199

阿庐古洞

阿庐古洞是一组规模宏大、结构奇特的典型喀斯特地貌溶洞群，是云南三十七"蛮"部之一"阿庐部落"的穴居点，是亚洲最壮观、最秀丽的天然奇观，有"云南第一洞"之称、"地下园林宫殿"之誉。阿庐古洞已开放了三个旱洞和一个水洞组成的全长3000余米的游程。有数百个景点，上下三层贯通。泸源洞、玉柱洞、碧玉洞造型风格各异，峡谷、厅堂、宫殿相融其间，一步一景、步步是景，洞中钟乳悬积，石笋林立；色若碧玉、瑰丽透明、沿河交融、发育丰富，"洞中有洞、洞中有河、洞中有天、洞外有泉"，"天然有石洞，造化夺神工"，堪为世界一绝，使其具有"古、朴、奇、绝"等令人叫绝之风格。特别是全长800余米的玉笋河，河面水平如镜，清澈见底，珍稀鱼种"透明鱼"遨游其中，举世罕见。河中泛舟，人在画中，如入仙境。

阿庐云海

地河幻景

阿拉湖

阿拉湖位于泸西县西北部，距县城26公里。库区原始森林面积11000亩，由两条长度悬殊的山间峡谷和两个岔冲相互串联，从平面图上看，好似一条“双角蛟龙”，遨游在泸西县西北角的崇山峻岭之中。

阿拉湖

歹鲁瀑布

歹鲁瀑布是泸西最有名的瀑布。在7公里的范围内跌宕出11级瀑台，最高一级落差70多米，穿越山林而来，跳跃在岩崖之上，气势浩大。

歹鲁瀑布

南盘江

南盘江源于沾益马雄，江水穿县境东南部而过，流经泸西境内河段长33公里，江面宽50～100米，两岸山崖陡峭险峻，青山连绵，江水且缓且急。水流平缓区域设有渡口，人马货物都通过大木船载渡。

南盘江

城子古村

城子古村，云南省历史文化名村，占地面积60余亩，建有1000多栋300年前的古彝族民居土掌房（又名土库房），居住着400多户人家。古村房屋依山而建，前后相衔，左右毗邻，层层而上，直达山顶，最多的达17台，一般都在10台以上。如堆叠齐整的蜂房，又如硕大无比的台阶；似层层奇巧的梯田，又似质朴古老的布达拉宫殿，是彝汉民族建筑艺术完美的结晶。主要景点有：大禹耕田、二十四孝、八仙拜寿、“将军第”姊妹墙、张冲童年旧居等。

城子春晓

姐妹墙

白水塘—梨源景区

距云南第一洞——阿庐古洞6公里，距县城8公里。所含白水塘水库总库容量3550万立方米，周边有大片林地、滩涂及石漠化坡地2600亩。梨源东、西、北三面与白水塘相连，果园六百余亩，园内空气清新，花果飘香，生态良好，环境优美。景区适宜康体运动、休闲度假、农业观光、会议培训、自驾游、露营、钓鱼、烧烤。

矣邦湖

矣邦湖

五者小三峡

五者小三峡

白水塘之韵

特色观赏和体验 UNIQUE SCENERY & FESTIVALS

传统庆典

阿庐古洞千年民俗—观音洞会、城子古村神秘习俗—太平庙会。

观音洞会

民族歌舞

彝族虎舞、小白彝族羊头鼓舞、芦笙舞、阿盈里古战场古兵器舞。

芦笙舞

小白彝族表演羊头鼓舞

阿庐四季 SEASON

泸西县属北亚热带季风气候区。干湿分明，夏季多雨，冬季干旱，气候除季节性的变化外，还由于各地海拔和地势的不同而存在着局部性的地区差异，冬季（干季）日照充足，气温偏高，降雨少，风速大，天气晴朗，时有阴冷和小雨天气。夏季（雨季）水汽充沛，温度不高。

住宿 ACCOMMODATION

1. 福鼎大酒店
阿庐古洞风景区旁
0873－6922222

2. 雅客源大酒店
阿庐古洞风景区旁
0873－6982888

3. 月半湾客栈
城子古村
13769377956

福鼎大酒店

雅客源大酒店

美食推荐 CUISINE

泸西羊汤锅：因选料、制作独特而味道鲜美，名扬四方。

泸西农家乐：有农家火腿、老腊肉、土鸡肉、土鸡蛋、腌菜煮红豆、豆豉拌姜丝、老南瓜、苦菜汤、荞粑粑蘸蜂蜜等当地农家菜。

康宝元凉米线：泸西最有名的凉品。

泸西农家乐

康宝元凉米线

购物指南 SHOPPING GUIDE

土特产品：泸西老东山火腿、灯盏花保健茶、荞麦食品、乌鸡绿壳蛋、小荞酒。

老东山火腿

荞系列

巍宝山 风景名胜区

巍山，历史悠久，文化灿烂，早在西汉元封二年即设邪龙县，唐代显赫一时的南诏政权就从巍山发祥，明清时期的土司制度在巍山承袭了17代，时间长达513年。因文化灿烂，人才辈出，清乾隆年间被御封为“文献名邦”，1994年国务院公布为历史文化名城。走进巍山，明清古城保存完好，古村落、古民居比比皆是；以古建筑、古遗址为主的58处各级文物保护单位述说着昔日的辉煌；老字号店铺、名优特产显示了厚重的历史积淀；86项各级非物质文化遗产保护名录则涵盖了民俗、宗教、文学、舞蹈、音乐、工艺、人物等内容，彰显了历史文化名城无穷的魅力。

国家级风景名胜区巍宝山位于巍山古城东南10公里处，是国家级森林公园、中国道教名山、南诏发祥地、中华彝胞祭祖圣地，历史文化积淀深厚，自然景观和人文景观结合完美。主景区面积6平方公里，最高海拔2509米。巍宝山因清幽而出名，山中植被完好，动植物资源丰富，森林覆盖率达88.2%。有生长上千年的高山栲群和明代古柏群，有树高18.4米树龄400多年的明代古山茶，成功申报“人工栽培最高山茶树”上海大世界吉尼斯世界纪录。“天门锁胜、拱城远眺、美女瞻云、龙池烟柳、山茶流红、鹤楼古梅、朝阳育鹤、古洞藏春”的巍宝山八景更是让人目不暇接、流连忘返。巍宝山因道教而著称，自汉代开始即有道士居住，明清时期道教盛极一时，住观道人达100多人。文昌宫、青霞宫、培鹤楼、长春洞等22座道教宫观依山就势洒置全山，体现了道教天人合一、道法自然的文化内涵。相传，南诏开国君主细奴逻曾耕牧于此，遇太上老君点

巍宝山

化，遂创南诏基业，传位13代，统治时间长达253年，是显赫一时的西南少数民族政权。现存的南诏土主庙规模宏大，是展示南诏根源文化和彝族文化的重要场所，是中华彝族寻根祭祖的圣地和土主崇拜的中心，至今仍保留着隆重的祭祖仪式。

走进巍宝山中，你就走进了历史、宗教、艺术、民俗、生态保护的博物馆，令人目不闲暇，美不胜收。

管理机构：巍山县巍宝山景区管理委员会
地址：云南省大理州巍山县巍宝山景区内
邮编：672400
值班电话：0872-6369049
0872-6369016
传真：0872-6369049
邮箱：zuo20060101@126.com

巍宝山风景名胜区导游图 MAP

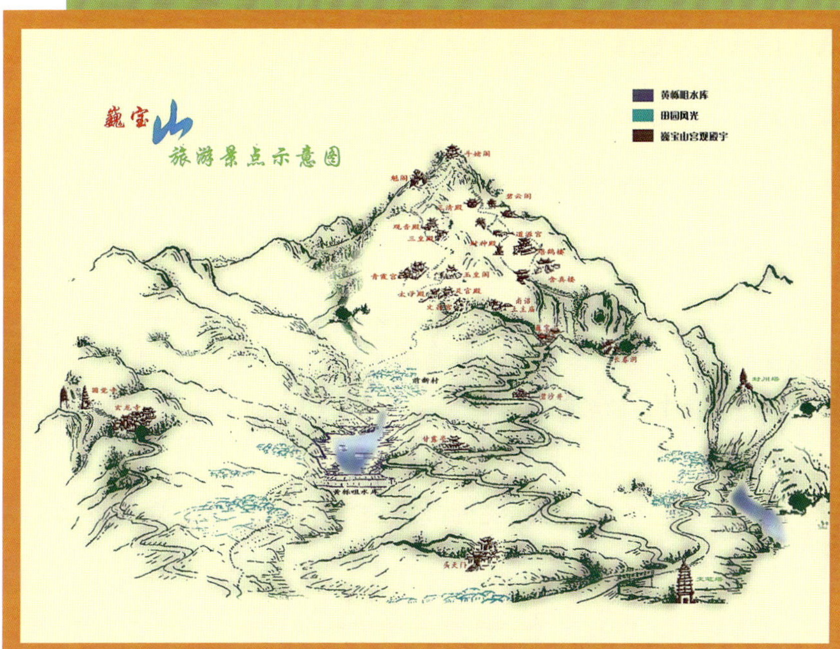

交通 出行宝典 TRANSPORTATION

（一）区外交通

巍山离昆明400公里，到昆明的游客可以乘飞机或火车到大理，在下关西南客运站乘车直达巍山（下关至巍山班车每15分钟一班，票价15元左右），也可以到昆明西部客运站、中北汽车客运站乘坐高快到下关（每半小时一班，票价150元左右），再从下关西南客运站乘车直达巍山；自驾游客直接从昆明→楚雄→大理高速公路直达巍山，昆明至巍山行车时间约5小时。

巍山交通便利，北接大理－丽江高速公路，南接祥云－临沧高速公路；下关进入巍山的公路为关巍高等级公路，行车时间约40分钟。巍山古城到巍宝山景区的公路通达性好，有旅游专线车。

（二）区内交通

巍宝山景区青石板游道环绕全山，全长5.6公里。

旅游服务 TRAVEL SERVICE

1.巍宝山景区游客服务中心在山门小区，可以咨询相关信息，观看景区视频，游客服务中心有公共休息大厅、茶水吧，向游客提供导游、餐饮、住宿、娱乐等服务。

巍山县旅游投资开发有限责任公司服务电话：0872–6369049

巍宝山宾馆服务电话：0872–6369016

巍宝山景区门票价格：60元/人

旅游专线车服务电话：0872–6120345/6122097

2.在巍山古城南诏东路设有巍山县旅游咨询服务中心。

服务电话：0872–6125097

旅游投诉电话：0872–6120893

精品线路 a

巍宝山道教养生之旅线路

下关—巍山古城—巍宝山生态停车场—徒步到南诏土主庙（品味南诏历史文化）—文昌宫（拜文昌帝君、赏松下踏歌图）—青霞宫（品道教养生茶、讲道、学道教养生功）—玉皇阁（道家书画、抄写经文、道教养生讲座）—长春洞（茶道、学习太极拳、太极养生操）—巍宝山宾馆（品尝道教养生宴）

精品线路 b

巍山文化旅游产品线路

巍山一日游：参观东莲花村国家历史文化名村（回族清真寺、阿文教学及伊斯兰教徒做礼拜的场面）—巍山古城及古楼—中餐—大小寺—赴巍宝山国家级风景名胜区（游南诏土主庙—文昌宫—灵官殿—青霞宫—玉皇阁—长春洞）—回下关

巍山二日游：参观东莲花国家历史文化名村（回族清真寺、阿文教学及伊斯兰教徒做礼拜的场面）—参观体验彝族扎染—民族风味餐—参观巍山古城及古楼、蒙化老家—蒙阳公园—登古楼听南诏古乐—住巍山宾馆—第二天赴巍宝山（游南诏土主庙、文昌宫、灵官殿、青霞宫、玉皇阁、长春洞）—巍山大小寺—返回下关

南诏土主庙

土主庙，又叫巡山殿或是巡山土主庙。歇山式大殿中的塑像即南诏第一代王细奴逻。两旁站立侍者，文武各一，均穿彝族服装。巡山殿门前有几副对联，内容均与细奴逻和南诏国历史有关。

南诏土主庙

文昌宫

文昌宫是巍山游览中心。雄伟的牌楼，是文昌宫的山门，大殿与二殿之间，一池清泉，明澈见底，名“龙潭”。池中的六角形亭阁，名叫文龙亭，沿两边拱桥可至亭前。

文昌宫

亭墩西面这幅壁画，叫做“踏歌图”。它真实地再现了两百年前巍山彝族人民踏歌习俗的场面，是珍贵的文物资料。

文龙亭

玉皇阁

玉皇阁建于康熙二十二年（1683年），山门为灵官殿，内供的灵官为道教的护法神。过了山门，殿宇飞檐重叠，巍峨壮观，一进四院，依山就势，层层而上。

培鹤楼

培鹤楼

巍山古城

巍山古城建于明洪武二十三年（1390年），古城中贯通南北，全长2公里的中国历史文化名街“南诏古街”，汇集了古建筑、古街巷、传统民居、地方特产、民俗风情，构成了明清古城跳动着的灵魂。古城民居大多保留着原汁原味的明清建筑古老风貌，多为土木结构，青瓦坡顶的“三坊一照壁”、“四合五天井”，这些建筑出阁架斗、雕梁画栋，古朴典雅。古城内至今保留有25条街，18条巷，街巷纵横交错，宽窄有别，曲直相辅相成，相互避让，移步换景，体现了道法自然的营造观。城内还保存着蒙化府署、孔庙、南社学、北社学、等觉寺及双塔、东岳宫、崇正书院、玉皇阁、文华书院等大量文物古建筑群，巍山古城被许多专家称作文物古建的博物馆。徐霞客在巍山游记中写道：“蒙化城甚整，乃古城也，城中居庐亦甚盛……是反胜大理也。”

拱辰楼

巍山古城

东莲花

东莲花国家历史文化名村是回族聚居的古老村落，南距巍山古城25公里，北距下关29公里。2008年10月被命名为中国历史文化名村。东莲花建筑集伊斯兰文化与其他民族文化为一体，现有保存完好的建于清朝时期、民国时期的碉楼6座及三坊一照壁、四合五天井、六合同春、走马转角楼、窜阁楼等建筑风格的古民居22座，整个村落历史风貌完整，具有较高的历史、科学、艺术和旅游价值。

马帮碉楼

东莲花清真寺

特色观赏和体验 UNIQUE SCENERY & FESTIVALS

鸟道雄关

鸟道雄关位于巍山古城东面一座海拔2600米的山垭口，历史上是滇西著名的茶马古道，又是候鸟迁徙的主要通道，形成天上的鸟道和地上的人道合一的奇观。发现的明代石匾上镌刻着“鸟道雄关”四个大字，是目前发现的有关候鸟迁徙最早的文字记载，堪称世界一绝。仲秋九月，候鸟飞临，铺天盖地，互相碰撞，发出此起彼伏的鸣叫，形成罕见的奇观。从1997年9月开始，国家鸟类环志中心每年都在此举办全国性的“鸟类环志研讨培训班”。举行捕鸟、环志放鸟活动。参与其中，其乐无穷。

石匾“鸟道雄关”

火把节狂欢

每年农历六月二十五是火把节，为彝族最隆重、场面最壮观的传统节日。这一天，万人空巷，家家门前一把火，人人手里一把火。人们燃放火把，用撒火把的方式相互祝福，为客人和朋友祈福来年平安。

火把节

中华彝族祭祖节

巍宝山南诏土主庙供奉着南诏国开国君主细奴逻等13代王及文武官员共19尊铜像。史载，此庙是南诏国第三代王盛罗皮于714年所建，为中华彝族祭祖圣地。2007年3月27日（农历二月初九），在巍山召开了“滇川黔桂四省（区）彝文古籍第十二次协作会”，确定每年农历二月初一至二月十五为中华彝族祭祖节，其中农历二月初八为主祭日。此日，人山人海，蔚为壮观。

彝族打歌

巍宝山四季 SEASON

巍宝山属亚热带高原季风气候，年平均气温15.6℃，冬无严寒，夏无酷暑，四季如春，光照充足，水资源较丰富而无污染，最适宜人居，是休闲旅游胜地。

住宿 ACCOMMODATION

1.巍山宾馆

南诏东路

0872-6122655

2.蓝龙酒店

环城东路

0872-6121999

3.粮贸宾馆

南诏东路

0872-6122557

4.巍宝山宾馆

巍宝山景区内

0872-6369016

5.龙溪酒店

环城东路（菜阳河）

0872-6123748

6.云馨兰大酒店

红河源北路

0872-6352888

美食推荐 CUISINE

巍山是中国名小吃之乡，最出名的有巍山火巴肉饵丝、一根面、青豆小糕、凉粉、米线、豆浆油条、烧饵块、冰粉凉虾等。

巍山火巴肉饵丝

购物指南 SHOPPING GUIDE

巍山的特产独具一格，主要推荐：巍山蜜饯、扎染产品、草墩、兰花、“巍”牌中成药、什锦咸菜、巍山牛干巴、纯菜籽油、青华绿茶、银器、刺绣、古董、字画、药材、彝族和回族服饰等。另外，还有巍宝山道教养生茶、道教字画等。

巍山工艺品

大理洱源西湖 风景名胜区

大理洱源西湖，云南省省级风景名胜区，国家湿地公园，AAA级风景区，位于苍山第一峰——云弄峰山麓。西湖湖面5.5平方公里，系高原断陷湖泊，平均水深1.8米，最深达12米。湖中有六村七岛，构成村内有湖、湖中有村的天然画景。这里有弥苴古河、永安江、罗时江三江并流，旧州三塔鼎立，是唐六诏邓赕诏遗址。具有地处大理、丽江、迪庆、怒江中部的区位优势。

悠久厚重的文化底蕴，独特丰富的水生动植物资源，浓郁多彩的白族风情习俗，群山拥翠的高原水乡风光，使西湖成为滇西香格里拉黄金旅游线上的精品景区。

管理机构:大理海之源西湖旅游开发有限公司

地址：云南省大理州洱源县右所镇西湖风景区

邮编：671203

值班电话：0872–5398888

传真：0872–5336468

邮箱：daxian100@163.com

网站:http://www.dleyxh.com

洱源西湖

交通 出行宝典 TRANSPORTATION

（一）区外交通

西湖位于洱源县右所镇，大理至丽江途中（214国道），从昆明出发，至下关，可搭乘下关客运北站至洱源的班车前往，在右所镇下车；距离昆明383公里，距离下关49公里。自驾车可从下关出发，沿214国道经沙坪—邓川到右所镇便可沿路标进入大理西湖风景区。

（二）区内交通

景区提供生态木船游湖，每条游船配置一名船夫，游客限乘6人，景区共有游船77条。船费60元/（船・小时），景区套票包含游船费用（观光时间1小时）。

景区内另有450米的观光栈道，从景区接待中心出发，可步行到西湖七岛中的五个岛屿。

大理洱源西湖风景名胜区导游图 MAP

旅游服务 TRAVEL SERVICE

洱源西湖风景名胜区设施古朴典雅，环境温馨宜人，服务周到。集“会议、餐饮、客房、休闲、娱乐”于一体，拥有近40多间白族风格的客房；800多个餐位的中餐厅及豪华厅房；具有民族特色的大型停车场、白族歌舞苑、西湖当地小吃街、民族工艺街、打跳广场、观景亭台等。

精品线路

西湖美景

印象一条街—350米景观栈道—漂浮码头—鱼鹰—六村七岛—西湖民居—菜岛—云弄峰三宝塔—仙泉潭—夫妻桥—打跳广场—小吃街—德源桥

景观栈道

走在木制栈道上，便步入了西湖画景。两边睡莲让人眼前一亮，回望村头白洁圣妃庙，好似回到久别的故乡，让人陶醉。

景观栈道

漂浮码头

曲折有趣的栈道，延伸到码头，龙头三弦伴唱着白族小调喜迎贵客，上下漂浮的码头和小木船交织在湖面，编织成了一幅田园美景。

漂浮码头

鱼鹰表演

精彩的鱼鹰表演，为清幽的西湖多添了一个音符，生活如歌。

鱼鹰表演

六村七岛

这里六村七岛相望，是舟楫往来的白族渔乡，南登霞客岛更是大旅行家、地理学家徐霞客深情向往的家园。

六村七岛

西湖民居

背靠山面向水，依山傍水的风水宝地，造福了919户人家，仙境般令人神往。

西湖民居

菜岛

民以食为天，勤劳勇敢的白族人家，耕种各种各样的时鲜蔬菜，是不可多得的绿色健康食品。

菜岛

云弄峰三宝塔

苍山第一峰的云弄峰上，早在唐宋年间便建造了旧州三塔，仅次于大理崇圣寺三塔。古塔建筑为州级文物保护单位。

夫妻桥

天间有鹊桥，牛郎织女相会，西湖有夫妻桥，每年农历四月十五情人节少男少女来此相会，对唱情歌，结双结对。

德源桥

西湖之境，邓赕诏主城遗址，承颂着美丽智慧与勇敢化身的邓赕王妃，白洁夫人的优秀品德，感染着白族人民。

德源桥

打跳广场

这里是邀您参与的欢乐广场，共同感受白族人的风情，跳进幸福生活的海洋。

打跳广场

印象一条街

展现了大理四壁之一的梅雕，和各式各样的装饰品、手工艺品等。还可以参加拍照送钥匙扣的活动。

特色观赏和体验 UNIQUE SCENERY & FESTIVALS

观鸟

西湖，四季如春、宜居宜游的气候条件，使湖内栖息着白鹭、野鸭（黄鸭）、葫芦鸟及各种珍稀小鸟，其中以紫水鸡最为珍贵，现在国内仅有300多只，西湖就有200多只。芦苇荡中野鸟、野鸭鸣叫嬉戏，成群的白鹭飞翔其间，构成自然天成的优美乐章。

紫水鸡

祭海节

在唐王朝的南诏时期，当时势力最强大的蒙舍诏为吞并其他的五诏，并企图强占美貌贤淑的邓赕诏王妃白洁夫人，誓死忠贞不渝的白洁夫人于农历七月初一这天跳入西湖随夫而去，后人为纪念白洁夫人的忠贞节操，在西湖边修庙祭祀。每年农历七月初一，邓川坝的居民都前往本主庙祭拜诵经，划船到西湖内高歌白洁夫人的美德，播撒谷物，祈盼风调雨顺，五谷丰登，这便是一年一度的祭海节。七月十五日傍晚将几千盏精致的灯笼漂于湖面，祈福四方。

祭海节

三道茶

白族三道茶

三道茶是白族人民用来款待尊贵客人的隆重礼仪传统，一苦二甜三回味，苦尽甘来情更深，来往亲密如一家，伴着歌舞表演，演绎着白族人民，可歌可泣和智慧忠贞的优良品德，传遍四方神土。

美食推荐 CUISINE

在西湖一定要品尝当地的野生酸辣鱼，还有白族火烧猪（生皮）、西湖生吃鳗鲡鱼（西湖蛇鱼）、乳扇米酒羹、风味苦瓜等。

野生酸辣鱼

生吃鳗鲡鱼

购物指南 SHOPPING GUIDE

“天滋”牌精品雕梅、话梅、木瓜脯，“梅乡果园”青梅汁、木瓜汁饮料，苍山雪参，“苍山雪”青梅酒、木瓜酒、雕梅酒、梅醋等。

雕梅

青梅汁

老君山 风景名胜区

老君山风景名胜区属“三江并流”核心区域，位于丽江市玉龙县西部的金沙江和澜沧江之间，西至丽江与兰坪边界，北至黎明乡(亦包含美乐在内)，南至老君山麓丽江与剑川边界，东部至桃花一带垂线。另含北部鲁甸新主片区，以及玉龙县与香格里拉县交界处的虎跳峡。景区面积共1320平方公里，海拔1800～4515米。拥有“世界自然遗产、国家重点风景名胜区、国家地质公园”三项桂冠，是“三江并流”世界自然遗产地八大片区之一。

老君山风景名胜区分别为黎明片区：“中国第一，世界一流的丹霞地貌”；老君山99龙潭片区：“仙山瑶池，杜鹃王国”；金丝厂片区：“高山冰蚀湖，高山森林牧场”；利苴滇金丝猴保护区：“滇金丝猴栖息地”；新主天然植物园片区：“横断山植物基因库”五大片区。

老君山具有典型的立体气候特征，从金沙江河谷到山顶，气候特征从亚热带干热河谷、温带到寒带，形成完整的垂直气候分带及相应的自然景观，云南松林、高山丛林、西南桦树林、小果垂枝柏林、云杉、冷杉、高山灌丛、山顶杜鹃矮曲林、石滩冻荒漠植物带、高山草甸，构成了老君山景区旅游环境的绿色基调。特别是在海拔3600米以上的核心景区内，原始森林保存完整，人类采伐影响较少，森林郁闭度高，具有幽、秘、静之特色。加之有以滇金丝猴为代表的多种动物出没，置身其间，给人一种人与自然和谐的无限遐想。风景区融奇石、森林、冰雪、峰涧、湖溪于一体，集奇、险、秀、幽于一身，可登山、漂流、垂钓、原始林探险、科普修学、源头寻踪、野菜野果采摘，是科学考察、休闲度假、旅游观光的胜地。独特的地质地貌、优美的生态环境、清新的空气、独具匠心的设计、宜人的气候吸引着五湖四海慕名而至的中外游客。

管理机构：丽江市老君山国家公园管理局
地址：云南省丽江市古城区香格里大道旅游大厦三楼
邮编：674100
电话：0888-5556666

黎明迎宾屏

老君山风景名胜区导游图 MAP

交通 出行宝典 TRANSPORTATION

（一）区外交通

丽江三义机场位于丽江市市区以南，距离市区26公里，车程30分钟左右。有机场大巴往返（票价15元/人）。

丽江铁路于2010年1月1日正式开通，因连接大理而称为“大丽铁路”。无其他连接，每天从昆明、大理进入丽江，火车班次约为每天4列。

丽江公路交通主要以大丽1级路、214国道、丽攀2级路为基础。正在建设的大丽高速尚未开通。每天往返丽江的公路客运主要是：大丽，昆丽，攀丽，反之亦然。

老君山国家公园幅员辽阔，总面积1320平方公里。南与大理州剑川县接壤，北与迪庆州维西县毗邻，东与香格里拉隔江而望，西与怒江州兰坪县相接。自驾交通线路南北纵横、东西交错，可选择很多方向及方式到达指定区域，通达条件良好。

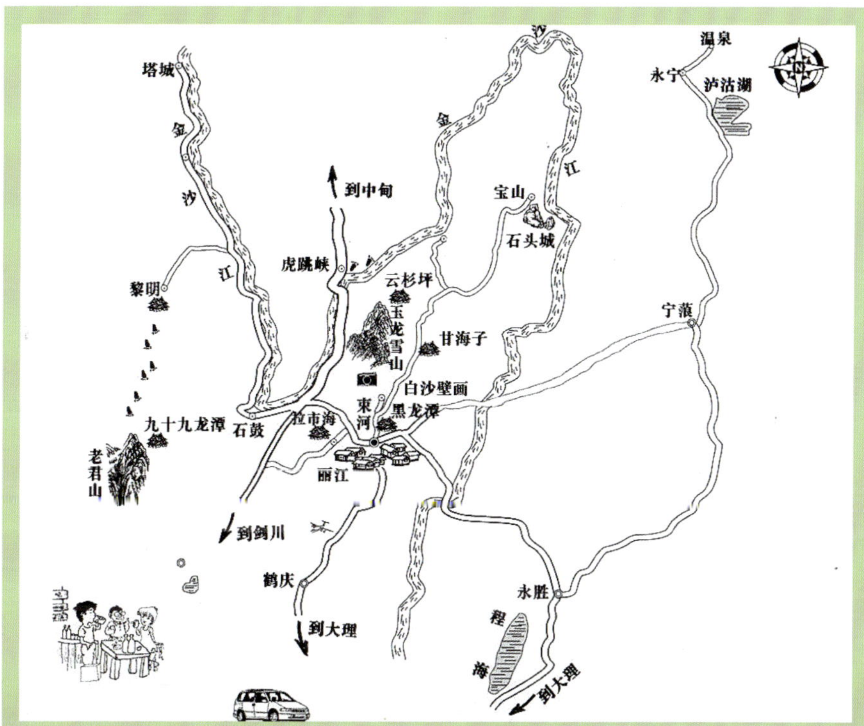

区域交通图

1.九十九龙潭片区（柏油路及弹石路交替）

（1）由丽江市市区方向进入（98公里，2.5～3小时）

驾车1小时（60公里柏油路），再1小时30分钟（36公里弹石路）到达。没有班车，只能自驾或包车，包车费用（单程费用）在400元左右，门票80元/人。

（2）由大理州剑川县城方向进入（41公里，1.5～2小时）

驾车2小时到群龙山庄（柏油路15公里，弹石路36公里），没有班车，只能自驾或包车，包车费用（单程费用）在300～400元左右，门票80元/人。

2.黎明诺玛底大峡谷片区（全程柏油路面）

（1）由丽江市市区方向进入（124公里，2.5小时）

驾车1小时、50公里到达石鼓镇（万里长江第一湾），继而40公里到达中兴，右行24.7公里到达诺玛底大峡谷红石街。门票80元/人。

（2）由大理州剑川县城方向进入（140公里，2.5～3小时）

驾车1小时、65公里到达石鼓镇（万里长江第一湾），继而40公里到达中兴，右行24.7公里到达诺玛底大峡谷红石街。门票80元/人。

3.利苴金丝猴保护区片区（柏油路及弹石路交替，从利苴开始徒步）

（1）由丽江市市区方向进入（95公里，3小时）

驾车1小时、50公里到达石鼓镇（万里长江第一湾），继而15公里弹石路到达石头乡乡政府，继续27公里弹石路到达利苴村委会。徒步12公里、3小时到达金丝猴观测站。

（2）由大理州剑川县城方向进入（110公里，4小时）

驾车1小时、65公里到达石鼓镇（万里长江第一湾），继而15公里弹石路到达石头乡乡政府，继续27公里弹石路到达利苴村委会。徒步12公里、3小时到达金丝猴观测站。

4.金丝厂片区（柏油路及弹石路交替，从利苴开始徒步）

（1）由丽江市市区方向进入（95公里,3小时）

驾车1小时、50公里到达石鼓镇（万里长江第一湾），继而15公里弹石路到达石头乡乡政府，继续27公里弹石路到达利苴村委会。徒步12公里、3小时到达金丝猴观测站。登山3小时、10公里到达金丝厂冰蚀湖群。

（2）由大理州剑川县城方向进入（110公里，4小时）

驾车1小时、65公里到达石鼓镇（万里长江第一湾），继而15公里弹石路到达石头乡乡政府，继续27公里弹石路到达利苴村委会。徒步12公里、3小时到达金丝猴观测站。登山3小时、10公里到达金丝厂冰蚀湖群。

5.大羊场片区（林区过渡路面或至黎明诺玛底大峡谷开始徒步）

（1）由丽江市市区方向进入（152公里，5小时）

驾车1小时、50公里到达石鼓镇（万里长江第一湾），继而40公里到达中兴，右行24.7公里到达诺玛底大峡谷红石街。门票80元/人。住宿及餐食条件良好，可选择一般客栈或星级客栈（价格从80～1000元/间不等），驾车2小时到达，或徒步28公里、5～6小时到达大羊场。

（2）由大理州剑川县城方向进入（168公里，5.5小时）

驾车1小时、65公里到达石鼓镇（万里长江第一湾），继而40公里到达中兴，右行24.7公里到达诺玛底大峡谷红石街。门票80元/人。住宿及餐食条件良好，可选择一般客栈或星级客栈（价格从80～1000元/间不等），驾车2小时到达，或徒步28公里、5～6小时到达大羊场。

（二）区内交通

老君山风景名胜区现在正处于开发建设阶段，暂时只有“黎明诺玛底大峡谷景区”具备完善的接待设施及配套服务。景区内建有两条栈道：“千龟山栈道”全长2.7公里，海拔在2180～2700米左右，来回5.4公里的栈道游览时间在3小时左右。“安七尼栈道”全长2.4公里，海拔在2200～2600米左右，来回4.8公里的栈道游览时间在2.5～3小时左右。

旅游服务 TRAVEL SERVICE

1.丽江老君山国家公园游客服务中心

云南省丽江市古城区香格里大道旅游大厦一楼

联系 0888-5308215

投诉 0888-5308211

2.黎明国家地质公园游客服务中心

云南省丽江市玉龙纳西族自治县黎明傈僳族自治乡红石街

联系 0888-5495059

投诉 0888-5495668

黎明诺玛底大峡谷景区：观光车80元/人，门票80元/人。

黎明诺玛底大峡谷

黎明诺玛底大峡谷丹霞地貌区主要分布在黎明傈僳族乡境内，包括黎明、黎光、美乐、堆美4个行政村片区，总面积达250平方公里，占全乡面积的43%，是国内面积最大、发育最完整的丹霞地貌。黎明丹霞风光不仅分布广、面积大，而且山体壮观、景色绚丽、发育典型，具有顶平、身陡、麓缓的明显特点。黎明丹霞地貌以其高海拔（达到4200米）而著名，由于高海拔的原因，形成极端的“冻融”气候，从而造就了神奇的丹霞地貌特征。其中包括了“龟甲”地表分布类型，最为典型的有千龟山，因红砂岩表面发生干裂，干裂的缝隙里发生了风化和侵蚀作用，于是就形成一系列有缝隙的凸形地形，形如乌龟，其景观的规模和质量在国内最具代表性，堪称中国一绝，充足的降水对细软的红砂岩的切割是龟甲的成因，具有极高的科考价值。同时，黎明丹霞地貌的相对高度、绝对高度以及壮观程度，色彩绚丽程度均属全国之首，发育完整，景观质量高，迎宾屏、睡佛、五指山、情人柱、自然佛、炼丹炉、石棺山等景观极具代表性和独特性。另外，由于黎明丹霞地貌景观相对集中，空间距离小，造就了一天太阳三起三落的天象奇观。人们自豪地称黎明是太阳永远照耀的地方。

黎明格拉丹草原

黎明红石壁

黎明千龟山

情人柱

九十九龙潭

九十九龙潭位于老君山北侧的主峰脚下。海拔4247米，有近百个清澈如镜的大大小小的水塘，连缀成一个具有相当规格的景区，故称九十九龙潭。潭水来自春天的融雪和夏季的降雨，清澈冰冷，水质优良。湖水溢出后，汇成小溪，集为小河，穿越原始森林，最终奔向金沙江、澜沧江。这些冰蚀湖泊，形状各异，湖水幽深。九十九龙潭潭水神秘，在阳光和花木的映照下呈现出蓝、橙、黄、绿的绚丽色彩。九十九龙潭也是欣赏原始生态景观、龙潭的神秘美和杜鹃花林的奇艳的绝佳地点。冬天的九十九龙潭遍布着冰凌，是一个天然的冰雕世界，奇美无比。

大羊场

大羊场位于距黎光30余里的地方，是一个巨大而横跨丽江、迪庆、怒江三州（市）的牧场，方圆百余里。东连金丝场，南接怒江兰坪罗锅箐，西临维西。海拔3600米，属高山台地构造痕迹，高山森林草原牧场。冬春两季可领略到杜鹃花海兼雪域风光相融的景色。

长江第一湾

长江第一湾，位于丽江石鼓镇，距玉龙县城以西43公里处。万里长江，从“世界屋脊”青藏高原奔腾而下，由滇西北进入云南，与澜沧江、怒江一起，一直并肩在横断山脉的高山深谷中穿行。到了丽江市的石鼓，金沙江突然来了一个一百多度的急转弯，掉头折向东北，形成罕见的“V”字形大弯，人们称此为“长江第一湾”。

特色观赏和体验 UNIQUE SCENERY & FESTIVALS

观滇金丝猴

公园内的利苴滇金丝猴保护站和金丝厂片区是国内不可多得的滇金丝猴栖息地。在这一区域内活跃的两个野生滇金丝猴种群，总数量达到了300多只，来到老君山国家公园，观赏滇金丝猴为代表的多种动物出没林间，置身其间，给人一种人与自然和谐的无限遐想。

滇金丝猴

傈僳族篝火晚会

“有话不说歌来代”是自古以来外族人对傈僳族最大的印象，傈僳族人生来能歌善舞，直至现在民间艺人也是层出不穷。在黎明诺玛底大峡谷这个相对闭塞的傈僳族聚居地，更是保留了众多的能人异士。外来的游客每到黎明都想一睹傈僳人的歌舞技艺。也正因如此，篝火晚会在黎明诺玛底大峡谷这个新兴的旅游景区也就应运而生。

演出地点：丽江市玉龙纳西族自治县黎明傈僳族自治乡黎明村委会

演出时间：每天20：00

票价：60元/人

演出时长：2小时

演出内容：傈僳歌舞，芦笙，上刀山下火海，互动联欢等。

老君山四季 OCAOON

丽江地处青藏高原与云贵高原的过渡区，老君山从炎热的金沙江河谷地带开始，到金丝厂雪山结束，海拔从1800～4527米。通常在景区内不会有高原反应。随着海拔的提升气温变化较大（上升100米海拔，气温下降0.5～0.6度）。气候属低纬度高原季风气候，阳光充足，紫外线强，冬季干燥，风大，夏季凉爽，多雨。气温年温差小，日温差大。最低气温−10℃左右，夏季最高气温32℃左右。

四季天气及穿衣：

春季（3～5月）：气温约5～20℃，以晴天为主。穿衣：早上10点至下午5点以长衣长裤为主，下午6点至第二天早上9点加外套或薄毛衣。

夏季（6～8月）：气温约10～26℃，多雨，早晚较凉，白天户外直晒较热，室内凉爽。穿衣：早上9点至下午6点以T恤配长裤或裙子。晚上7点至第二天早上8点加薄外套。 7、8月份属于雨季，经常下雨，一下雨气温骤降5～10℃，建议出门备好雨具或防水冲锋衣。不下雨紫外线强，建议出门擦防晒霜，带太阳镜。

秋季（9～11月）：气温约10～20℃，秋高气爽，早晚较凉。穿衣：早上10点至下午5点以长衣长裤为主，下午6点至第二天早上9点加外套或薄毛衣。

冬季（12月至翌年2月）：气温约-5～15℃，万里无云，偶有降雪，早晚温差很大。穿衣：早上10点至下午5点以长衣长裤配棉袄或羽绒服为主，下午6点至第二天早上9点气温低需着厚实冬装。室内外温差较大。

住宿 ACCOMMODATION

1.黎明诺玛底大峡谷片区：客栈、酒店较多，共有高中低档床位200个左右。除诺玛底客栈外，其他均为普通客栈，条件简陋，价位统一为：标间100元/间，普间80元/间。

诺玛底客栈

☎ 0888-5495333

标准间:680元/间

2.九十九龙潭片区唯一的住宿地点“群龙山庄”，均为普间，房价80元/人。

3.利苴滇金丝猴保护区：无住宿。

4.大羊场片区：唯一的住宿地点“大羊场接待站”，均为简陋的普间，房价100元/人。

5.金丝厂片区：无住宿。

6.露营及户外服务提供：云南世博旅游控股集团丽江市旅游投资有限公司。

地址：丽江市古城区香格里大道旅游大厦一楼。

联系人：吴增广

电话：0888-5308211

邮编：674100

网站：http://www.ljljs.com

邮箱：458029486@qq.com

（以上价格仅供参考，以实际为准）

美食推荐 CUISINE

凉拌鸡豆凉粉

猪血肠

老君山多民族聚居，居住有傈僳族、彝族、白族、纳西族、普米族等。每个民族的饮食和生活习惯各有不同，在纳西族生活的区域里特色美食有：鸡豆凉粉，猪血肠，吹肝等。白族特色美食有：猪肝渣，乳扇等。普米族特色美食有：苞谷沙沙，猪膘肉等。黎明为傈僳族聚居地，可以品尝当地的傈僳大婶的厨艺。腊排骨、黄焖鸡、苦笋炖鸡、青椒松茸等都很有特色。6～9月可以吃到黎明河里的竹节鱼，这也是黎明河的特产。鱼呈白色细条状，清炖味道非常好。

购物指南 SHOPPING GUIDE

老君山地处横断山区腹地的云岭山脉南段，金沙江和澜沧江之间，立体的气候和特殊的地理特点使得这里植被丰富，物种丰富。游人进入老君山有丰富的当地特产可供选购，有雪茶、冬虫夏草、雪莲、五味子、金不换、灵芝、枸杞、云茯苓等80多种药用植物和真菌；此外，也有一些可食野菜及野果如蕨菜、竹叶菜、野韭菜、野海棠、山楂等，可谓物产丰饶。在老君山可以接触到的特色物产除这些山珍野味以外，还有傈僳族人的众多手工制品和彝族人自己提炼的酥油等。

泸沽湖 风景名胜区

泸沽湖位于云南省西北部滇川交界处，是国家风景名胜区、省级自然保护区和省级旅游区、国家AAAA级风景名胜区，是云南省九大高原湖泊中至今水质保持最好的湖泊。海拔为2690米，总面积50.3平方公里（其中云南境内30.3平方公里），总容水量19.53亿立方米，平均水深45米，最深处93米，最大能见度为13米。整个湖泊状若马蹄，南北长而东西宽，形如曲颈葫芦，故名泸沽湖。

泸沽湖不仅水清，且岛美。泸沽湖四周青山环抱，湖岸曲折多湾，共有17个沙滩，14个海湾；湖中散布5个全岛，3个半岛，一个湖堤连岛。一般高出水面15～30米，远看像一只只绿色的船，漂浮在湖面。泸沽湖是目前全国生态保护最好的湖泊。泸沽湖旅游区共有自然人文景观两大类7个中类29个小类的旅游资源类型，总计52个景点。

景区群峦叠嶂，层次悠远，泸沽湖北岸的狮子山是摩梭人崇拜的格姆女神山，海拔3754.7米，山体陡峻，雄伟壮观，魅力无限。西南角有幽深的山谷，两侧岩石直立，林木茂密，谷中清泉流淌，幽深、神秘。永宁温泉出水量约0.06立方米/秒，水温与人体温度接近，历史上曾是当地摩梭人及其他民族露天“野浴”和“男女同浴”的场所。

泸沽湖旅游区以秀丽的高原湖泊山水风光和独特的摩梭文化风情为主要景观特征，是集情、水、山，游、购、娱为一体的原生态休闲度假旅游区，是云南最具特色的旅游胜地之一。

管理机构：丽江泸沽湖省级旅游区管理委员会

联系电话：0888-5166900/5886009

网站：http://www.ljluguhu.com.cn

泸沽湖全景

泸沽湖风景名胜区导游图 MAP

交通 出行宝典 TRANSPORTATION

泸沽湖距离丽江市200公里，昆明市653公里，距离四川省攀枝花市255公里，甘肃省西昌市268公里。泸沽湖景区每天都有丽江高快客运站出发的大巴（8：30、10：00两个班次），也可以先坐车到宁蒗县，然后转车到泸沽湖。

格姆女神山

格姆女神山海拔3754.7米，是泸沽湖四周最高的山峰。从达祖纳西村后的转山古道，经柏香林，可到顶端女神庙、女神洞。在摩梭神话传说中，此山是格姆女神的化身。泸沽湖形如半月，只有登临女神山才可窥见泸沽湖全景。转山节期间，摩梭人都要上女神山祭祀女神。从山头到山脚，转山的队伍形成一条条色彩绚丽的长龙，“女神歌”响彻云天。

格姆女神山

扎美寺

扎美寺是云南摩梭人和普米族地区最大的藏传佛教（俗称喇嘛教）寺院。全寺占地24000平方米，主体建筑正殿、左右偏殿，皆为三层楼阁，土木结构，厚墙黄瓦，竖有镀金铜顶，金碧辉煌，蔚为壮观。西面偏殿里，塑有高约12米的镀金弥勒佛坐像，头饰五佛冠，手持如意宝珠，为典型藏式泥塑风格。偏殿内四面墙壁绘有6幅壁画，为佛教经书内容，线条精细，设色明丽，造型生动，与四川藏区壁画相同，未受汉地佛教和道教壁画的影响。大殿四周，僧舍环绕，形成以主殿为中心的建筑群。该寺在“文化大革命”运动中被毁坏，仅存一偏殿。1986年按原样重修正殿。现有僧侣百余人。

扎美寺

里格岛

里格岛位于东北部格姆女神山山麓，是泸沽湖七个珍珠宝石般岛屿中的一个。它是泸沽湖北缘海湾内一个美丽的湖堤连岛，海岛三面环水，左右青山环抱，傍立格姆女神。高空的白云和四周的山峰清晰地倒影水中，把湖山天影融为晶莹的一体。

里格岛

媳娃娥岛

媳娃娥岛又称“土司岛”、“奈络普”，纳西语称“恒瓦古”。离湖岸2000多米，位于西北半湖的中央，远看海中岛屿疑是海市蜃楼。岛上建筑壮观，从海边到岛顶，草木葱茏，百鸟云集，从早到晚可听到鸟雀婉转悦耳的啼鸣。

媳娃娥岛

泸沽美景

泸沽夕阳

特色观赏和体验 UNIQUE SCENERY & FESTIVALS

花楼恋歌

泸沽湖“花楼恋歌”是由国内多个知名创意团队打造的，用歌舞形式表现纳西族摩梭人走婚文化的一场歌舞演出。演出通过纪实性、原真性的表现手法，让观众对摩梭人的独特神秘文化遗存、奇风异俗有一个直观真切的了解。演员均为泸沽湖畔的原住摩梭人。

演出地点：宁蒗彝族自治县泸沽湖畔的里格村

票价：220元/人

部落家访

如果您想要的是探访真正的原生态摩梭人家及宁静的原始村落，就一定要去泸沽湖小落水村。村长及全村父老乡亲们会以最真挚的传统文化来接待您。

传统舞蹈

篝火晚会

泸沽湖是女儿国，又是歌舞的王国。泸沽湖畔的摩梭村寨，每晚都要举行篝火晚会。传说摩梭人会跳72种舞蹈，现在最为流行的就是甲搓舞，“甲”为美好之意，“搓”是跳舞之意。

打跳的摩梭青年

泸沽湖四季 SEASON

泸沽湖全年平均温度在17℃左右，温度白天可达15～25℃，而早晚约10℃，可穿薄的毛衣及一件外套。但要注意，高原的天气变化多端，阳光直射，紫外线较强，请配备墨镜、防晒霜及雨伞。

泸沽湖之春

泸沽湖之夏

泸沽湖之秋

泸沽湖之冬

住宿 ACCOMMODATION

1. 银湖岛大酒店

丽江宁蒗县泸沽湖红崖子片区

0888–5882888

2. 泸沽湖宾馆

丽江宁蒗县泸沽湖洛水上村

烤鱼

猪香肠

苏玛里酒

猪膘肉

美食推荐 CUISINE

泸沽湖景区的美食主要是湖鱼（小渔坝）、猪膘肉、酸菜红豆汤、苏玛里酒及本地咣当酒。

图书在版编目(CIP)数据

中国风景名胜区游览手册⑧　云南省/中国风景名胜区协会编著. —北京：中国建筑工业出版社，2012.12
ISBN 978-7-112-14837-0

Ⅰ.①中…　Ⅱ.①中…　Ⅲ.①风景区—云南省—手册②名胜古迹—云南省—手册　Ⅳ.①K928.7-62

中国版本图书馆CIP数据核字(2012)第255101号

责任编辑：郑淮兵　杜一鸣
责任校对：陈晶晶　刘　钰

中国风景名胜区游览手册⑧
云南省
中国风景名胜区协会　编著
*
中国建筑工业出版社出版、发行（北京西郊百万庄）
各地新华书店、建筑书店经销
北京方舟正佳图文设计有限公司制版
北京画中画印刷有限公司印刷
*
开本：880×1230毫米　1/32　印张：$4\frac{3}{8}$　字数：126千字
2013年1月第一版　2013年1月第一次印刷
定价：39.00元
ISBN 978-7-112-14837-0
(22882)